Raymond Battegay (Hrsg.)

Narzißmus beim Einzelnen und in der Gruppe

Raymond Battegay (Herausgeber)

Narzißmus beim Einzelnen und in der Gruppe

Psychotherapie und Literatur

Mit Beiträgen von
Raymond Battegay, Gaetano Benedetti, Erich Franzke,
Fritz Meerwein, Max Rosenbaum,
Pierre-Bernard Schneider und Raoul Schindler

Verlag Hans Huber
Bern Stuttgart Toronto

Zum Umschlag-Bild vgl. bitte die Ausführungen S. 80.

CIP-Titelaufnahme der Deutschen Bibliothek

Narzissmus beim Einzelnen und in der Gruppe : Psychotherapie
u. Literatur / Raymond Battegay (Hrsg.). Mit Beitr. von
Raymond Battegay ... – Bern ; Stuttgart ; Toronto : Huber, 1989
ISBN 3-456-81732-0
NE: Battegay, Raymond [Hrsg.]

1. Auflage 1989

Gesamtherstellung: Allgäuer Zeitungsverlag GmbH, Kempten/Allgäu
Printed in Germany

Inhaltsverzeichnis

Adressen der Autoren

Battegay, Raymond, Prof. Dr.,
Psychiatr. Universitätspoliklinik, Kantonsspital,
Petersgraben 4, CH 4031 Basel

Benedetti, Gaetano, Prof. Dr.,
Inzlingerstr. 291, CH 4125 Riehen

Meerwein, Fritz, Prof. Dr. med. Nervenarzt FMH,
Mühlebachstraße 82, CH 8008 Zürich

Rosenbaum, Max, P. C.
333 East 56th Street, The American Short-Term Therapy Center,
East Professional Suite, New York, N.Y. 10022, USA

Schneider, Pierre-Bernard, Dr. Professeur honoraire de l'Université
de Lausanne, 19, av. Général Guisan, CH 1009 Pully

Franzke, Erich, Dr., St. Sigfrids sjukhus,
Box 1223, S. 351, 12 Växjö, Sweden

Schindler, Raoul, Prof. Dr.,
Bennogasse 8, A 1080 Wien

Vorwort

Am 27. Juni 1987 fand auf Initiative meiner Mitarbeiter an der hiesigen Psychiatrischen Universitätspoliklinik in Basel anläßlich meines 60. Geburtstages ein Symposium zu dem in der gegenwärtigen Psychotherapie aktuellen Thema «Gruppenpsychotherapie und Narzißmus» statt. Die Referate durften eine große Beachtung finden. Es lag daher nahe, sie in einem Buch zusammenzufassen. Dabei mußten wir die Artikel zum Teil aus dem Englischen (von Max Rosenbaum) und zum Teil aus dem Französischen (von Pierre-Bernard Schneider) in die deutsche Sprache übersetzen. Meinem Freund Prof. Dr. rer. nat. Udo Rauchfleisch bin ich für seine Übersetzungsarbeit, vor allem aber für das konsequente Einfordern der Manuskripte und die glänzende Organisation der Tagung dankbar.

Meine Sekretärin, Frau E. Kurer, hat, wie immer, die Sekretariatsarbeiten speditiv und gewissenhaft erledigt. In verdankenswerter Weise und mit großer Sachkenntnis hat Frau R. Dufner-Stump das Sachwort- und das Namenregister zusammengestellt. Dem Verlag Hans Huber und insbesondere dessen Lektor, Herrn Dr. P. Stehlin, danke ich für sein stets großes Verständnis gegenüber den Belangen von Psychiatrie und Psychotherapie.

Überblicken wir die in diesem Buch enthaltenen Arbeiten, so können wir sagen, daß sie alle in den größeren Rahmen von Systole und Diastole, von Konzentration auf das eigene Selbst – die dem Ich das Selbstbewußtsein gebende Repräsentanz – oder auf das Ich und Ausweitung auf die Gruppe, von Depression und manischer Ausgelassenheit, von Trennung und Verschmelzung, von Mißtrauen und Urvertrauen gehören. Es wird uns die Bedeutung des Narzißmus im Werk des Dichters wie auch in der Arbeit des Psychotherapeuten offenbar. Die Gruppe erscheint als das Milieu, in dem sich das Individuum in seiner Ichhaftigkeit und mit seinem Narzißmus verwirklicht. In der Gruppenpsychotherapie haben die Angesprochenen in der darin zur Geltung kommenden Spannweite zwischen Individuum und sozialem System Gelegenheit, einerseits eine Autonomie zu entwickeln und andererseits, sich, als Individuen, in das Beziehungsnetz zu integrieren.

Nun mögen die in diesem Buch enthaltenen Artikel für sich sprechen.

Basel, im Oktober 1988

Raymond Battegay
Herausgeber

Literatur und Narzißmus

Die narzißtische Problematik bei Friedrich Nietzsche

Gaetano Benedetti, Basel

In der Betrachtung großer Geister, Dichter und Philosophen, die lebenslang leidend waren oder sogar medizinisch krank wurden, kann man vom menschlichen Leiden in einem dreifachen Sinne reden. Einmal im existentiellen Sinn, wo das Leiden noch keine Krankheit ist, vielmehr aus der Überidentifizierung des großen Menschen mit allen Leidenden dieser Welt resultiert. Dann im geistigen Sinn, wo wir den Phänomenen des Wahnsinns begegnen, wie solche ihren Ursprung in einer Gehirnerkrankung oder in einer endogenen Psychose haben.

In der Mitte zwischen diesen zwei Extremen – Geisteskrankheit oder Existenzleiden – begegnet uns die dritte Form der Erschütterung als seelisches Leiden: Das, ohne die Formen unseres Verstandes zu verlieren, doch über die Grenzen eines bloßen Leidens an anderen geht, indem *die Person durch Neurose oder Depression im eigenen Bestandteil getroffen wird.* Nietzsche hat lebenslang an der Menschheit gelitten. Er ist an einer progressiven Paralyse, geisteskrank, gestorben.

Wir können bei Nietzsche alle Formen des Leidens finden. Meine Arbeit wird sich aber vornehmlich mit seinem persönlichen seelischen Leiden befassen; über seine existentielle Erschütterung einerseits und seine Geisteskrankheit anderseits sind Bände geschrieben worden.

Damit wir nun seelisches Leiden bei Nietzsche mit einiger Sicherheit vom existentiellen abgrenzen können, müssen wir uns, in der Abwesenheit des Patienten selber, und bei der Fragwürdigkeit aller Versuche, soziale Verhaltensweisen fernstehender Menschen etwa als neurotisch zu deuten, mit den psychosomatischen Niederschlägen seines Leidens befassen. Somatische Krankheitsphänomene, die einerseits jahre- oder gar lebenslang dauern, sich andererseits auf physikalische Grundlagen, auf bestimmte Körpererkrankungen nicht zurückführen lassen, sind der zuverlässigste Indikator eines die ganze Persönlichkeit ergreifenden Leidens. Dies trifft bei Nietzsche in einer außerordentlichen Weise zu. Die autobiographischen Notizen, die er uns darüber hinterlassen hat, lassen uns unschwer erraten, daß die Ratlosigkeit der Ärzte angesichts seiner vielseitigen Körpersymptome – sichtbar in der Annahme einer allgemeinen Nervenschwäche oder Übererregbarkeit – weniger im damaligen Entwicklungsstand der Medizin, als vielmehr im uns heute bei allem modernen psychodynamischen und neuropsychologischen Denken immer wieder in Erstaunen versetzenden Rätsel des organneurotischen Phänomens als solchem begründet waren.

Nietzsche war nach Jaspers seit 1873 immer krank. Jaspers, der sich gegen die Psychologisierung der Philosophie, auch bei Nietzsche, wehrt, schreibt doch: «Die Deutung aus psychopathologischer Kenntnis liegt nahe. Nietzsche war schon krank, als jene überwältigenden Zustände von trostloser Leere des reinen Geistes und von überseligem Innewerden des Seins ihn abwechselnd überfielen. Man kann von Triebähmungen und Triebverkehrungen reden und das Nichtliebenkönnen unter die bekannte psychopathologische Begriffsschematik subsumieren».

Nietzsche klagte über viele Jahre in Briefen an Freunde und Verwandte über Magen-Darm-Leiden, Kopfweh, Erbrechen, Husten, Mattigkeit, grippeartige Zustände, Augenschwäche, Angst, Gallenerbrechen, Anfälle von Migräne, Bettliegen und spürte oft «Ankündigungen eines Zusammenbruchs».

In einem Brief Nietzsches an Cosima Wagner vom 19. Dezember 1876 lesen wir:

«Der Abstand meiner jetzigen, durch Kranksein erzwungenen Lebensweise ist so groß, daß die letzten 8 Jahre mir fast aus dem Kopf kommen und die früheren Lebenszeiten, an welche ich in der gleichartigen Mühlsal dieser Jahre gar nicht gedacht hatte, sich mit Gewalt hinzudrängen. Fast alle Nächte verkehre ich im Traum mit längst vergessenen Menschen, ja vornehmlich mit Toten».

Als im September 1873 die letzte Tante Nietzsches starb, schrieb Nietzsche: «... so ist denn unsere gute Tante dahin, und wir sind wieder einsamer. Alt werden und einsamer werden scheint dasselbe und ganz zuletzt ist man wieder nur mit sich zusammen und macht andere durch unsern Tod einsamer».

In einem Aphorismus «Vermischte Meinungen und Sprüche», entnommen aus dem kleinen Notizbuch mit dem Titel «Memorabilia», aus dem Sommer 1878, lesen wir die Zeilen:

«Es ist ein Zeichen, wenn man von lange Vergessenen oder Toten träumt, daß man eine starke Wandlung in sich durchlebt und daß der Boden, auf dem man lebt, völlig umgegraben worden ist: da stehen die Toten auf und unser Alterthum wird Neuthum».

Nietzsche registriert einen «Verlust der Kindheit» sowohl 1875 als auch 1878, als bedeutendes, für uns, wenigstens was den äußeren Anlaß betrifft, geheimnisvolles Ereignis. Er hat mit sieben Jahren, während eines Aufenthalts beim Großvater Öhler in Pobles, den Verlust der Kindheit empfunden und darüber geweint. «In einer absurd frühen Zeit, mit sieben Jahren, wußte ich bereits, daß mich nie ein menschliches Wort erreichen würde», sagte Nietzsche zehn Jahre später.

In zahlreichen Erlebnissen des Kindes ist eine frühe Einsamkeit wahrzunehmen, die uns aus späteren Notizen des Erwachsenen überliefert ist: So der seltsame innerseelische Umgang mit Toten, wie auch das Erlebnis eines plötzlichen Verlustes der Kindheit, wohl nach glücklichen Kindheitserfahrungen, von denen er auf einmal getrennt wurde.

Die Erfahrung der inneren Einsamkeit dürfte den Grundstein zu einer später im erwachsenen Leben sowohl gelebten, wie auch in seiner Philosophie heroisch bejahten Einsamkeit gelegt haben; aber sie mag auch einen depressiven Keim der Persönlichkeit gestiftet haben, mit dem Nietzsche lebenslang in einem dauernden Kampf stand und den er immer wieder in grandiosen hypomanischen Bildern der großen Gesundheit, des jauchzenden Übermutes kompensierte.

Trennungserlebnisse, die tapfer ausgehalten und auch gesucht werden, wiederholen sich in seinem Leben: Von Schopenhauer zu Wagner, von der Mutter zu Lou Salomé, von teuren Freunden und seinen Mitmenschen überhaupt, von denen er sich als der große Ikonoklast ihrer Werttafel trennt. «Bene navigavi dum naufragium fecit.»

Was uns zunächst in der Kindheit Nietzsches auffällt, sind Situationen des großen Ernstes, ungewöhnlich bei einem Kind, der tiefen Einsamkeit, obwohl in einer zuerst innigen Verbundenheit mit seiner Familie und besonders mit seiner Mutter und der gleichzeitigen fortschreitenden inneren Trennung von ihr.

Eine tiefe und radikale Trennung von den allerersten Liebesobjekten, die allzu früh und rasch vor sich geht, ist bekanntlich besonders von Kohut in der Lebensentwicklung von narzißtischen Persönlichkeiten beschrieben worden.

Dieses wiederholte Erleben, zusammen mit einer depressiven Gesamtlage, scheint bei Friedrich Nietzsche zuzutreffen. Vermutlich galt der erste radikale Riß der Mutterbeziehung; denn der Philosoph schrieb einmal, «wenn er nach einem tiefsten Gegensatz in sich selber suche, finde er diesen in seiner Mutter». Der Verlust von wesentlichen Liebesobjekten führt normalerweise, sicher auch bei Nietzsche, zu einer Trauerarbeit. Kohut schildert aber den psychologischen Vorgang, nach welchem die aus dem verlorenen Liebesobjekt sich zurückziehende Libido zur Bildung eines grandiosen Selbst verwendet wird.

Das Stichwort «Narzißmus», das den Rahmen des vorliegenden Werkes bildet, führt uns zu einem anderen Zusammenhang in der Adoleszenz Nietzsches, der das Entstehen seines Denkens in einem selbstbezogenen Raum beleuchtet.

Er berichtet, daß er mit 12 Jahren durch den Einfall zu philosophieren begonnen habe, daß Gott den Teufel als sein eigenes Spiegelbild erschaffen habe; im Versuch, sich zu denken, er habe den Teufel erzeugt.

Im Nachlaß Sommer/Herbst 1884 lesen wir:

«Als ich 12 Jahre alt war, erdachte ich mir eine wunderliche Drei-Einigkeit: nämlich Gott-Vater, Gott-Sohn und Gott-Teufel. Mein Schluß war, daß Gott, sich selber denkend, die zweite Person der Gottheit schuf; daß aber, um sich selber denken zu können, er seinen Gegensatz denken mußte, also schaffen mußte. – Damit fing ich an zu philosophieren».

Die Selbstschau des Gottes, der im Spiegel den Teufel erschafft, stellt keine eigentliche «Objektbeziehung» im psychoanalytischen Sinne dar, keine Beziehung zum Kreatürlichen, zum Geschöpf, sondern eine umgekehrte Selbstspiegelung, eine narzißtische Problematik mit einer Wende zur Selbstnegation.

Die später zunehmende Abwesenheit Gottes geht bei Nietzsche mit einer sich steigernden heroischen Selbstbejahung und denkerischen Selbstübersteigerung des Menschen einher, die in einem grandiosen Selbstverständnis des Jünglings ihren Ursprung hat.

Aus der Biographie Nietzsches von Janz entnehmen wir die folgende Episode:

«Dann wieder verblüffte Nietzsche seine Mitschüler durch ganz überraschende Handlungen. So berichtet seine Schwester aus seinem ersten Tertianerjahre in Pforta einen Vorgang, der Nietzsches damaligen Oberen Krämer aufs heftigste erschreckte. ‹Die jüngeren Knaben sprachen von Mucius Scaevola, und ein etwas weichlich gesinnter mochte wohl bemerkt haben: das wäre doch zu gräßlich und fast unmöglich, sich ruhig die Hand verbrennen zu lassen: ‹Warum?›

fragt Fritz ruhig, nimmt ein Bündelchen Zündhölzer, zündet sie auf der flachen Hand an und streckt sie, ohne zu zucken, gerade aus. Die Knaben waren starr vor Erstaunen und Bewunderung. Plötzlich entdeckt der Obergeselle den Vorgang, springt hinzu und schlägt ihm die Zündhölzer aus der Hand, die schon ziemliche Brandwunden davongetragen hatte›.»

Die Haltung Nietzsches ist eine «heroische Handlungsweise» (Schwester), eine «aktive Leibesverachtung und Leidensbejahung», ein «Trieb zur Selbstüberwindung», ja sogar ein «Wahrheitstrieb von antikem Ausmaße» genannt worden. Man kann in dieser Haltung aber auch einen jugendlichen Keim zum grandiosen Selbst sehen, das die spätcre Philosophie des Erwachsenen kennzeichnet, wie auch zu jener Verachtung der Kreatürlichkeit, die uns auch mit dem schwachen Menschen verbindet.

Diese Episode war jedenfalls kein Einzelereignis, sie war in einem bestimmten Lebensstil eingebettet. So schreibt Janz: «Die derben und lärmenden Vergnügungen seiner Mitschüler sagten ihm nicht zu. Als Jüngling stieg er zum Beispiel bei einem Ausflug auf die Schönburg allein auf den Turm, während alle anderen im Keller den Becher schwangen und fühlte sich glücklich», wie auch diese seine Verse zeigen:

Mir ganz allein überlassen
Sie mögen dort in den Hallen nur zechen
Bis sie umfallen
Ich übe mein Herrscheramt.

Diesem «Herrscheramt», dem grandiosen Selbst, stand aber wie bei narzißtischen Persönlichkeiten ein verborgenes, in Selbstüberwindung negiertes Selbstverständnis der Schwäche gegenüber, das Kohut begrifflich auf die latente «narzißtische Lücke» zurückführt.

Es scheint, daß Nietzsche ursprünglich durch die projektive Identifikation eine Beziehung zu einer solchen Schwäche entwickeln konnte.

In den Monaten, wo Nietzsche als freiwilliger Pfleger den Verwundeten und Sterbenden des preußischen Krieges gegen Frankreich im Jahre 1870/1871 beistand, setzte eine Überidentifizierung mit den schwachen Mitmenschen ein, die ihn erschreckten und im Sinne einer Reaktionsbildung die *Verabscheuung aller menschlichen Schwäche* herbeiführte.

Es ist erschütternd, wie Nietzsche sich später zur Ausrottung aller schwächlichen Menschen bekannte:

«Die Schwachen und Mißratenen sollen zugrundegehen: erster Satz unserer Menschenliebe. Und man soll ihnen noch dazu helfen. Was ist schädlicher als irgendein Laster? Das Mitleiden der Tat mit allen Mißratenen und Schwachen.» Man erkennt hier das Paradoxe, das absichtlich Überspitzte, die nur im Augenblick ernst gemeinte Herausforderung an eine verweichlichte Welt. Aber solche beunruhigenden Sätze wiederholen sich. Ihnen scheint eine Verhärtung des Herzens zugrundezuliegen, von der Nietzsche manchmal, so im Nachtlied Zarathustras, offen und nicht ohne Trauer Kunde gibt. Die Unmöglichkeit der Liebe wird dort fast mit Verzweiflung von ihm selber wahrgenommen.

Dazu bemerkte Jaspers: «Das, wovon Nietzsche Kunde gibt, ist in der Tat keine Erfahrung vieler. Mancher mag das Gesagte für unverständlich halten.

Man kann zuletzt Nietzsche befragen: Kommt sein Wissen um das Nichtliebenkönnen nur aus der vollendeten Helligkeit des Geistes – oder ist ein Moment in diesem Denken, das primär nicht hell, sondern ohne Liebe ist?»

Es fällt nicht schwer, die Frage in dem zweiten Sinne zu beantworten. Wenn Nietzsche schreibt: «Weh Dir Zarathustra! Wer sollte Dich lieben, Du Überreicher? Du mußt ärmer werden, weiser Unweiser! Willst Du geliebt sein. Man liebt nur die Leidenden, man gibt Liebe nur dem Hungernden», so merkt man seine verborgene Ambivalenz zur Schwäche, zum Leiden und zur Liebe.

Es ist offensichtlich, daß die Verdrängung der Schwäche bei Nietzsche durch Machtstreben nicht gelingt; daß die Verdrängung auf Kosten der Liebe für die Schwächen in sich selber und in den anderen einhergeht.

1. Bei sich selber: «Ich kenne das Glück des Nehmenden nicht.» «Ach, daß ich dunkel wäre und nächtig! Wie wollte ich an den Brüsten des Lichts saugen!» (Zarathustra)

Im Licht dieser Worte erscheint uns der Satz aus einem jugendlichen Brief bedeutungsvoll: «Solange ich mir einbilde, somatisch krank zu sein, kann ich hoffen, man helfe mir.»

2. Bei den anderen: «Diesen Menschen von heute will ich nicht Licht sein, nicht Licht heißen. Die will ich blenden: Blitz meiner Weisheit! Stich ihnen die Augen aus!» Und so heißt es im Nachtlied: «Mein Glück im Schenken erstarb im Schenken. – Mein Auge quillt nicht mehr vor der Scham der Bittenden; meine Hand wurde zu hart für das Zittern gefüllter Hände.» «... Verurteilt zu sein, nicht zu lieben ...» (Zarathustra). Er träumt von anderen Menschen: «Eine Rasse mit eigener Lebenssphäre, mit einem Überschuß von Kraft und Schönheit, Tapferkeit, Kultur, Manier bis ins Geistigste, eine bejahende Rasse, welche sich jedoch großen Luxus gönnen darf, stark genug, um die Tyrannei des Tugendimperativs nicht nötig zu haben, reich genug, um die Sparsamkeit für sonderbare Pflanzen» (Wille zur Macht, Aphor. 898).

Es ist unsere Vermutung, daß eine Wurzel der Selbstüberwindung und Selbstverweigerung in die leidenschaftliche Bejahung des Übermenschen übersetzt wurde; daß die Paradoxie der Umkehrung das innere heroische Dasein dieses Mannes prägte.

Diese Vermutung ist erstens in der Evidenz begründet, die man bei der Lektüre der Briefe Nietzsches erfährt, in denen dauernde körperliche Kränklichkeit nie zu depressiver Schwäche, sondern zu einer den Charakter begründenden weltasketischen Lebenshaltung führte. Depressive Momente des Daseins wurden erlebt, jedoch nicht im Selbstverständnis der Person zugelassen.

Zweitens läßt sich die Vermutung aus den Folgen der Umkehrung vom Leiden in Willen zur Macht ablesen. Man sagt, daß Adler den Terminus «Wille zur Macht» von Nietzsche hatte; er erkannte aber als erster den neurotischen Ursprung dieses Strebens.

Die Philosophie Nietzsches ist jedenfalls durch diese Dimension des Strebens wesentlich geprägt.

Man soll dies freilich recht verstehen. Erscheint uns (in psychologischer Sicht) das Philosophieren des leidenschaftlich Gottlosen wie ein einziger titanischer Versuch, den «Gott-Teufel» des Zwölfjährigen, sowie Moral und Schwäche des Menschen als dessen Folgen zu verbannen, um dann an diese Stelle die eigentliche Göttlichkeit der menschlichen Freiheit zu stellen, so ist das, was im Übermenschen an der Stelle Gottes auftritt, bei weitem nicht, wie Hirschberger falsch deutete, der «gewissenslose Raubritter», sondern ein in seinem Dasein des Leidens, der Einsamkeit, der Körperschwäche, tapfer ausgesprochenes «Dennoch» des Glaubens an die übersteigerte Existenz des Menschen.

In der progressiven Paralyse nehmen die Selbsterhöhung und der Machtwille freilich groteske Formen an. In der Krankengeschichte der Friedmatt, wo er 1889 hospitalisiert wurde, finden wir die Bemerkung: «Bei seiner Aufnahme war schlechtes Wetter. Er verspricht den Ärzten, er wolle für sie morgen ein herrliches Wetter bestellen».

Oder: «Er stellt sich als den Tyrann von Turin vor.»

Aber schon vor dem psychotischen Zusammenbruch erscheint uns der Machtanspruch eines Menschen, der schließlich seine Sehnsucht nicht bloß auf den kommenden Übermenschen projiziert, sondern stellenweise in einer Selbstverherrlichung anmeldet, in einer Weise übersteigert, die die Psychopathologie nahelegt: «Es wird sich einmal an meinen Namen die Erinnerung an etwas Ungeheures anknüpfen, an eine Krisis, wie es keine auf Erden gab. Ich bin kein Mensch, ich bin Dynamit.»

«Ich widerspreche, wie nie widersprochen worden ist. Mit alledem bin ich notwendig auch der Mensch des Verhängnisses. Denn wenn die Wahrheit mit der Lüge von Jahrtausenden in Kampf tritt, dann haben wir Erschütterungen, einen Krampf von Erdbeben, eine Versetzung von Berg und Tal, wie dergleichen nie geträumt worden ist. Der Begriff Politik ist dann gänzlich in einem Geisteskrieg aufgegangen, alle Machtgebilde der alten Gesellschaft sind in die Luft gesprengt – sie ruhen allesamt auf der Lüge: es wird Kriege geben, wie es noch keine auf Erden gegeben hat. Erst von mir an gibt es auf Erden große Politik» (Ecce Homo).

Gewiß, die Vorboten der kommenden Paralyse sind hier spürbar, oder sie können mindestens vermutet werden. Aber diese übersteigen nur das, was die seelische Gesundheit dieses Menschen wie ein roter Faden zu durchziehen scheint und wiederum als die Kompensation, als der Umschlag des Gegenteils erscheint. Im zitierten Ecce Homo folgt dem Machtrausch der ernüchternde Einfall: «Ob er nicht ein Hanswurst sei?». Und dann meint er: «Vielleicht bin ich ein Hanswurst». Die Biographen waren hier verwirrt: «Ein Wort, das man nicht ernst nehmen soll?» oder «Gehört es zu jenen Äußerungen, mit denen Nietzsche sein eigenes Niveau unterschreitet?» (Zitiert nach Hirschberger, 1976.)

Ich meine, das Wort erscheint wie ein Bote radikalsten Selbstzweifels, der ihn dort trifft, wo er am meisten sein will.

Es gehört zum Willen zur Macht sowie zum grandiosen Selbst im narzißtischen Sinne, daß die erstrebte Größe nie erfüllend ankommt. Und zwar nicht nur nicht in dem metaphysischen Sinn, daß unsere menschliche Sehnsucht unerfüllt bleiben müsse, gerade dort, wo sie den letzten Dingen, der Ewigkeit, der absoluten Liebe, gilt; sondern auch in dem anderen Sinn, daß ein eigentümlicher Zug der Leere dem Streben nach Macht und dem grandiosen Selbst trotz aller Tiefe der Erschütterung haften bleibt.

Wie ist dies bei Nietzsche? Er sagte einmal: «Irgendwann ... muß er uns doch kommen, der erlösende Mensch ... der der Erde ihr Ziel zurückgibt, dieser Antichrist und Antinihilist, dieser Besieger Gottes und des Nichts». Und Hirschberger (von dessen kritischer Stellungnahme zur Philosophie Nietzsches ich mich sonst distanziere) kommentiert: «Aber er kommt nicht. Wenn man die Stellen zusammenschaut, an denen Nietzsche darüber spricht, zeigt sich das alte Bild: die Aufgabe wird gestellt, die Forderung in immer neuen Worten erhoben, wie schön und groß das alles wäre, aber dabei bleibt es auch; der Inhalt fehlt. Was macht seine Vollkommenheit aus? Welche Inhalte sind es? Was wissen wir vom Übermenschen, wenn uns nur versichert wird, daß er ein Übergang ist und ein Untergang, eine Brücke, ein Blitz?»

Das Gefühl für das Unzulängliche in sich, das diesen Menschen furchtbar quälte, wird immer wieder durch die Projektion abgewehrt, wird aber trotz dieser Abwehr als Müdigkeit, als Unzulänglichkeit erlebt, wie folgender Satz deutlich zeigt: «Immer zieht es uns hinan, nämlich zum Reich der Wolken: auf diese setzen wir unsere bunten Bälge und heißen dann Götter und Übermenschen: sind sie doch gerade leicht genug für diese Stühle, all diese Götter und Übermenschen. Ach, wie bin ich all das Unzulängliche müde» (Zarath. II).

Die Folge des Machtstrebens ist eine Verhärtung des Herzens, welche bis zum Versiegen der Liebesfähigkeit geht; jener Liebesfähigkeit nämlich, die eine wesentliche, allgemein menschliche Grundlage in der Selbstannahme eigener Schwäche findet.

Man bedenke in diesem Zusammenhang die Worte eines anderen Philosophen, Jaspers, der sonst Nietzsche in seiner anerkennenden Stellungnahme gerecht wird:

«Auf Grund des totalen Nihilismus sieht er die Wiedergeburt durch die Männer, die die Weltgeschichte mit erbarmungsloser Konsequenz, total planend, in die Hand ihrer Gewalt nehmen».

In seinem Kommentar zum «Nachtlied», wo Nietzsche aus der Überlegung: «Man liebt nur die Leidenden» eine Liebe für sich ausschließt, fragt Jaspers: «Spricht aus ihm ein Wissen um die tiefsten, von ihm nicht erfüllten Forderungen der Liebe oder ein ahnungsloses Nichtwissen um das ganz Einfache?»

Das ganz Einfache ist in meiner psychoanalytischen Sicht die «Objekt-Beziehung», die tragisch scheitert. Verdrängung der eigenen kreatürlichen Schwäche verunmöglicht die Liebe zum anderen mit seinen Unvollkommenheiten und Schwächen; dieser andere wird höchstens als Gegenbild zum eigenen Überich abgelehnt:

«Zuletzt ist die ‹Liebe zum Nächsten› immer etwas Nebensächliches im Verhältnis zur Furcht vor dem Nächsten».

Ich möchte an diesem Punkt versuchen, die narzißtische Problematik Nietzsches (wie ich eine solche nenne) in einem weiteren spekulativen psychologischen Zusammenhang, namentlich in der Sicht der «Überich-Dynamik,» zu verstehen.

In der Psychologie Nietzsches sehe ich eine häufige Auseinandersetzung zwischen dem auf das phantasmatische Bild des Übermenschen projizierten «grandiosen Selbst» und dem nicht idealisierten religiösen und moralistischen Familienüberich.

Ein Feind von Nietzsche ist nämlich das soziale und familiäre Überich – das er in der Gestalt der Moral sieht. «Es bleibt kein anderes Mittel, die Philosophie wieder zu Ehren zu bringen: Man muß zuerst die Moralisten aufhängen. Solange diese von Glück und Tugend reden, überreden sie nur die alten Weiber zur Philosophie». «Man weiß bereits, welches Wort ich mir zu diesem Kampf zurecht gemacht habe, das Wort ‹Immoralist›». «Mein Hauptsatz: Es gibt keine moralischen Phänomene» oder auch: «Nichts mehr ist wahr, alles ist erlaubt». Selber ein moralisch lebender Mensch, ein Pfarrerssohn, den Lou Salomé als eine «religiöse Natur» bezeichnete, sagt er doch der Moral überall, wo er nur kann, den Kampf an. Er nennt sie «Sklavenmoral» und stellt sie der «Herrenmoral» des Übermenschen gegenüber, welche einfach die Selbstbejahung des Aristokraten ist. «Der große Mensch ist groß durch den Freiheitsspielraum seiner Begierden und durch die noch größere Macht, welche diese prachtvollen Untiere in Dienst zu nehmen weiß» (Wille zur Macht, Aphor. 933).

Meine psychologische Deutung der Triebfeder des asketischen Immoralisten ist die, daß Nietzsche sich in seiner Ambivalenz gegen dasselbe Überich auflehnte, mit welchem er sich in der Bekämpfung der depressiven Schwäche identifizierte. Diesen Widerspruch konnte er nicht anders lösen als dadurch, daß er eine Art «splitting» in seinem Überich durchführte, zwischen einer Seite, welche die Vitalität bejahte, mit der er sich identifizierte, und einer Seite, auf die er alle Selbstunterdrückung projizierte. In die exteriorisierte Seite des Überichs verlegte er auch die Macht, den Menschen zu überfordern, die er ständig bei sich und in seiner Verkündigung ausübte. Die Ablehnung einer eigenen latenten Schwäche führte bei Nietzsche zu einer Selbstaggressivität, die er umwandelte in der Blosstellung der anderen: der Moralisten, der Christen, der Schwachen, der herkömmlichen Werte und Traditionen.

Nietzsche gehört zu jenen großen Philosophen, deren Philosophie die eigene Psychologie stark widerspiegelt.

Sie ist die Psychologie eines Menschen, der den ihn enttäuschenden Mitmenschen (sowohl das persönliche Liebesobjekt, wie auch, nicht ganz zu Unrecht, den Menschen unseres Zeitalters, dessen schreckliche Kriege Nietzsche prophetisch voraussah) in eine innere gegensätzliche Möglichkeit verwandelte, sie als ein grandioses Selbst gestaltete und auf den kommenden Übermenschen projiziert hat. Damit hat er, ahnungslos und unwillkürlich, eine tragische Illusion der Weltgeschichte vielleicht gefördert. So, wie der philosophierende Gott des zwölfjährigen Nietzsche den Teufel im Spiegel erschuf, so trug der innere Übermensch zur Bildung des Selbstverständnisses der Herrenrasse bei.

Wenn ich in dieser Psychologie eine narzißtische Problematik erkenne, möchte ich ein Wort des existentialistischen Philosophen Abbagnano zitieren, das auch in diese Richtung weist:

Abbagnano verwendet freilich das Wort «Narzißmus», das uns Psychiatern und Psychoanalytikern geläufig ist, nicht. Als Philosoph bezeichnet er aber

Nietzsche als die «unmögliche Persönlichkeit», «la personalità impossibile». Er meint auch:

«Sein Versuch, den Menschen zu vergöttern, ihn aus einem limitierten und bedürftigen Wesen in ein völlig autarchisches zu verwandeln, wo das Leben die Unendlichkeit der eigenen Potenz verwirklichen sollte, hat das entscheidende Scheitern in der Persönlichkeit seines Autors gefunden.

Sein ganzes Leben lang hat Nietzsche versucht, die Werte zu erreichen, die für ihn die Kennzeichen des Übermenschen darstellten: Gesundheit und physische Kraft, Heiterkeit des Geistes, vitalen Enthusiasmus, innere Energie, Verständnis der Anderen, den Erfolg des Dominanten.

Alles blieb ihm versagt, sowie am Ende die Einheit und das Gleichgewicht der Person selber versagt wurde». «Jede große Aufgabe verlangt die Bescheidenheit und das Verständnis der Anderen». (Übersetzt durch Ref.)

Läßt sich das Bild Nietzsches durch solche Betrachtungen, und erst recht durch unsere Analyse erfassen? Schon die Tatsache, daß wir über Nietzsche psychopathologisch denken können, ohne ihm aber Rede und Antwort stehen zu müssen, macht unsere Gedankengänge fragwürdig. *Die konkrete Begegnung ist unerläßlich für die Wahrheit des psychologischen Verständnisses.*

Ferner ist die Psychodynamik nur ein kleiner Bruchteil des Ganzen. Selbstüberwindung, Umkehrung von Schwäche in Kraft, Wille zur Macht, Sehnsucht nach der großen Gesundheit reichen nicht aus, um große Philosophie zu machen. Die Philosophie Nietzsches entsteht nicht nur in den psychologischen Voraussetzungen seines Charakters, sondern in der geistigen Dimension dieses Mannes: Nicht Wille zur Macht als solcher, sondern Ermächtigung des Menschen zu einem höheren Grad der Bewußtheit, Identifizierung des eigenen Willens zur Macht mit einer Sehnsucht nach der Befreiung des Menschen aus den Fesseln der Abhängigkeit, zeichnet die Größe dieses Philosophen aus. Die Gespaltenheit begründet eine kreative Tragik: Der aufdeckende, entlarvende Geist Nietzsches, der den Menschen keine bequemen *Selbsttäuschungen* lassen will, wurzelt in der unbewußten Wahrnehmung der psychologischen Tatsache, daß das eigene Dasein der Selbsttäuschung nicht entgeht.

Beides war bei Nietzsche vorhanden: Die metaphysische Sehnsucht, die ihn zu einem großen Philosophen machte, und die ihn ausrufen ließ: «Ewiges Ja des Seins, ewig bin ich dein Ja: denn ich liebe dich, o Ewigkeit!» – und der Wille zur Macht, das Minderwertigkeitsgefühl, das grandiose Selbst, die Marionette eines neurotischen Puppentheaters, die zusammenfällt, überall dort, wo sie narzißtische Züge trägt und die wahrhaftige Liebe zum konkreten Menschen verpaßt.

In seinem Ecce Homo berichtet Nietzsche wie sein «Nachtlied» im zweiten Teil des Zarathustra entstanden ist:

«Auf einer Loggia hoch über der Piazza Barberini, von der aus man Rom übersieht und tief unten die Fontana rauschen hört, wurde jenes einsamste Lied gedichtet, das je gedichtet worden ist, das Nachtlied; um diese Zeit ging immer eine Melodie von unsäglicher Schwermut um mich herum, deren Refrain ich in den Worten wiederfand «tot vor Unsterblichkeit ...». (Ecce Homo, 15, 92)

Durch die Vertiefung in die philosophisch-dichterische Welt von Nietzsche nimmt man eine Tiefe und eine Sehnsucht wahr, die seine Psychopathologie bei weitem übersteigt. Zu einem Ursprung der Existenz gelangt man nicht unter der Bedingung, daß man selber etwa gesund sei, sondern nur unter derjenigen, daß man aus dem eigenen Zustand, nicht nur der Erschütterung, sondern gar des Widerspruchs, der Gespaltenheit, Zerrissenheit, eine Sehnsucht nach dem Ganzen bekommt, diese auch in großen Gedanken gestaltet, und sich also über die eigenen Grenzen hinausbewegt.

Literatur

Abbagnano, N.: Storia della Filosofia, Vol. III 363–379.

Adler, A.: Praxis und Theorie der Individualpsychologie. Wissenschaftliche Buchgesellschaft, Darmstadt 1965.

Barck, W.: Nietzsche und die Psychologie. Unpubliziertes Manuskript.

Benedetti, G.: Psychiatrische Aspekte des Schöpferischen und schöpferische Aspekte der Psychiatrie. Vandenhoeck & Ruprecht, Göttingen 1975.

Benedetti, G.: Die neurotische Lebensproblematik Nietzsches als eine Wirkkraft und als eine Grenze seiner Philosophie. In: C. Haffter (Hrsg.): Gesnerus: Zur Geschichte der Psychiatrie, Jahrgang/Vol. 41, Heft 1/2, S. 111–131, 1984.

Freud, S.: Gesammelte Werke, Imago Publishing, London 1952–1968.

Friedmatt: Krankengeschichte F. Nietzsche, Aufnahme 1889. 10/I/S. 1–2.

Hirschberger, J.: Geschichte der Philosophie, Bd. 2. Darin: Nietzsche: Umwertung aller Werte, S. 501–526, Herder, Freiburg 1976.

Janz, C. P.: F. Nietzsche, Biographie, Bd. III. Hanser, München 1978–1980.

Jaspers, K.: Nietzsche und das Christentum: In: Jaspers, K.: Aneignung und Polemik. Piper, München 1968, 330–388.

Jaspers, K.: Zu Nietzsches Bedeutung in der Geschichte der Philosophie, ibidem, S. 408–589.

Kohut, H.: Narzißmus. Suhrkamp, Frankfurt/M. 1973.

Montinari, M.: Nietzsches Kindheitserinnerungen aus den Jahren 1875–1879. Unpubliziertes Manuskript.

Nietzsche, F.: Werke in 3 Bänden, Hrsg. K. Schlechta, Hanser, München 1954–1965.

Zwei unbekannte Briefe Rilkes an seinen Arzt Dr. Hämmerli

Ein Beitrag zur medizinischen Psychologie der Leukämien

Fritz Meerwein

Man kann, wenn man will, die Psychosomatik der Krebskrankheiten bis zu Hippokrates und Galen zurückverfolgen. Die Begründung einer modernen wissenschaftlichen Psychosomatik der malignen Tumor- und Blutkrankheiten wird aber wohl am besten auf das Jahr 1966 festgelegt. Damals berief die «New York Academy of Science» eine Gruppe international bekannter Psycho-Onkologen zu einem Symposium zusammen, an welchem Untersuchungsmethoden und bisherige Forschungsresultate der Psycho-Onkologie gesichtet, kritisch diskutiert und Ausblicke in die Zukunft eröffnet wurden, die bis heute für die psychoonkologische Forschung wegweisend geblieben sind. Schwerpunkte der Forschung bildeten zunächst die Frage nach der sog. Krebspersönlichkeit, die Frage nach «psychogenen» Beiträgen zur Pathogenese der Krebskrankheiten sowie nach den psychosozialen Verhältnissen im Vorfeld wie im Umfeld der Krankheitsmanifestation. In den letzten Jahren sind vermehrt neuroimmunologische, aber auch anthropologische Fragestellungen dazugekommen, z. B. ob und inwiefern maligne Tumoren und Bluterkrankungen eine bewußte Botschaft beinhalten, die sich nicht anders als auf dem Wege der Erkrankung Gehör zu schaffen vermöge. Die vermehrte Erkundung von Familienschicksalen Krebskranker sowie ihrer Familienstrukturen legten solche Fragestellungen nahe. Diese Untersuchungen haben Wesentliches dazu beigetragen, Krebskranke besser zu verstehen, was für Therapie und Rehabilitation von großer Bedeutung sein kann. Verschiedene Forscher haben darüber hinaus auch Modelle entwickelt, welche geeignet sind, gewisse Aspekte der Pathogenese nicht nur zu verstehen, sondern auch zu erklären (z. B. C. Bahne-Bahnson, 1986).

Unter diesen Gesichtspunkten habe ich es vor einigen Jahren (1984) unternommen, Leben und Werk Rainer Maria Rilkes, welcher im Dezember 1926 unter bemerkenswerten psychologischen Umständen an einer Leukämie verstarb, im Hinblick auf eine mögliche, in seiner Krankheit enthaltene Botschaft unter psychoanalytischen Gesichtspunkten und unter Einbezug neuerer Narzißmusforschung zu untersuchen. Die Ergebnisse dieser Untersuchung habe ich 1985 unter dem Titel «Starb Rainer Maria Rilke seinen eigenen Tod?» in einer größeren Arbeit publiziert. (Dettmering [1969, 1981] und Simenauer [1953, 1976] haben sich früher bereits, unter etwas anderen Fragestellungen, psychoanalytisch mit Leben und/oder Werk Rilkes auseinandergesetzt.) Nach Abschluß und Publikation meiner Arbeit sind mir nun aber dank des Entgegenkommens der Nachkommen von Rilkes Arzt Dr. Hämmerli zwei Briefe Rilkes an Dr. Hämmerli zugekommen, welche bis heute unbearbeitet und unveröffentlicht sind.* Mir scheint, daß in diesen Briefen die narzißtische Verfassung des

* (Herrn und Frau Prof. W. Bernet-Hämmerli sei an dieser Stelle für die Überlassung von Photokopien dieser Briefe herzlich gedankt.)

kranken Dichters in für den Leser erschütternder, für Leukämiekranke kennzeichnender und in für Ärzte, Psychologen und Psychoanalytiker lehrreicher Weise zur Darstellung kommt. Ich möchte Ihnen diese Briefe deshalb heute vorlegen und kommentieren.

Bevor ich dies tue, möchte ich jedoch in aller Kürze die wichtigsten Thesen bzw. Hypothesen zu Rilkes leukämischer Erkrankung, wie ich sie aus Leben und Werk des Dichters glaubte herauslesen zu können, darlegen. Die damit verbundenen methodologischen Fragen psychoanalytischer Literaturinterpretation muß ich dabei übergehen. Als Belege der Hypothesen kann ich, der Kürze meiner Darlegungen halber, jeweilen nur eine biographische Tatsache oder Textstelle aus Rilkes Werk oder Briefen zitieren. Es gäbe zu jeder dieser Hypothesen selbstverständlich eine größere Anzahl. Es sind ihrer insgesamt vier Hypyothesen, die ich Ihnen vorlege.

1. René Karl Wilhelm Johann Josef Maria Rilkes Geburt (1875–1926) erfolgte bereits «sub specie mortis», d.h. sie stand unter dem Vorzeichen des Todes eines Schwesterleins, des ersten Kindes der Mutter, welches ein Jahr vor Rilkes Geburt verstorben war, welchem Phia Rilke, die Mutter, nachtrauerte und welches durch Rilke nun ersetzt werden sollte. Die Namengebung «René», der «Wiedergeborene», sowie die Tatsache, daß Rilke bis zum Schuleintritt in Mädchenkleidern hergehen mußte, weisen ebenfalls auf diese Ersatzfunktion hin. Rilke selber hat diesem «Schwesterlein» wohl Zeit seines Lebens nachgetrauert: «In solchen Nächten wächst mein Schwesterlein, das vor mir war und vor mir starb, ganz klein» (Buch der Bilder, I, S. 220). «Mädchen» werden bei Rilke fortan immer wieder zu den «Verschwundenen», «Verlorenen»; sie gelten als «Eurydikes Schwestern», welche die Sehnsucht und «die Schwärme des Einsamen» («Gegenstrophen», 1922) in Anspruch nehmen. Die Rilke von seiner Mutter aufgezwungene weibliche Identifikation und seine eigene Sehnsucht nach dem Wiederauffinden dieses «Schwesterleins», welchem die Liebe der Mutter galt, bzw. der narzißtische Mißbrauch Rilkes durch seine Mutter, bildeten somit für Rilke die Grundlage eines lebenslangen Identitätskonfliktes, dem er, so wage ich zu behaupten, schließlich erlag. Er lebte ihn, indem er seinerseits eine große Zahl von Frauen, von «Müttern», aber auch von Künstlerinnen, Schriftstellerinnen, Baroninnen und eine Fürstin in einen narzißtischen Beziehungsmodus verwob, in welchem sein «wahres» männliches Selbst, welches sich einerseits nach dem verschwundenen «Mädchen», andererseits aber auch nach dem Vater sehnte, verborgen bleiben mußte. Der 1919 an Leukämie erfolgte Tod einer ihm flüchtig bekannten 19jährigen Tänzerin, Wera Ouckama Knoop, jenes «Mädchens» mit dem «dunkeln, seltsam zusammengefaßten Liebreiz» (Rilke an Weras Mutter, zit. n. J. R. von Salis, S. 134), welchem die Sonette an Orpheus als ein «Grab-Mal» gewidmet sind, belebt diesen alten Konflikt, also den Konflikt zwischen Verlust, männlicher Sehnsucht und unbewußter weiblicher Bestimmung, oder anders, den Konflikt zwischen seinem wahren und seinem falschen Selbst wieder neu. Rilke löst ihn, indem er im Februar 1923 wie im «Orkan im Geiste» (Briefe an Fürstin Marie von Thurn und Taxis vom 11. 2. 1922, zit, n. Holthusen, S. 148) in einem kreativen Akt sowohl seinen männlichen wie seinen weiblichen Teil, seine männliche Potenz wie auch seinen Ge-

bärwunsch erfüllt, in wenigen Tagen die unvollendeten «Duineser Elegien» vollendet und die «Sonette an Orpheus» verfaßt. Daraufhin betrachtete er seinen künstlerischen Auftrag als beendet. Die Übergangsfunktion seiner Kreativität, nämlich männliches und weibliches, wahres und falsches Selbst, Subjekt- und Objektrepräsentanz getrennt zu halten und gleichzeitig zu vereinen, entfällt, es droht die Psychose als Verschmelzung beider Teile. Rilke erkrankt aber eigenartigerweise an derselben Krankheit, an welcher auch Wera Ouckama Knoop starb, an einer Leukämie, welcher er am 29. Dezember 1926 erlag. «Bin ich es noch, der da unkenntlich brennt? Erinnerung reiß ich nicht herein. O, Leben, Leben: Draußen sein. Und ich in Lohe, Niemand der mich kennt», lautet sein letztes, wenige Tage vor seinem Tode verfaßtes Gedicht (Leppmann, S. 455). Im Brand, in Lohe, verschmelzen Mann und Frau, Subjekt und Objekt, und führen zum Untergang des «Ichs» und schließlich zum Tod. Dies bildet in Kürze, vielleicht in allzu großer Kürze, meine erste Hypothese zu Rilkes Krankheit.

2. Meine zweite Hypothese schließt an den soeben verwendeten Begriff der Verschmelzung an und bezieht sich auf Rilkes Trennungsprobleme, die Unschärfe seiner Ich-Grenzen sowie die Schwierigkeiten der Triangulation, bzw. seiner ödipalen Konstellation, welche durch sein ganzes Leben hindurch verfolgt werden kann. Sie bezieht sich aber auch auf Rilkes Wunsch, «keinen in die entsetzliche Lage zu bringen, geliebt zu sein» (Malte Laurids Brigge, III/341) und lautet, daß Rilke zeit seines Lebens in der Gefahr stand, mit seinen Objekten durch projektive Identifikation seiner oralen Wünsche verbunden zu bleiben. Denn: «Liebende seid ihrs dann noch? Wenn ihr einer dem andern euch an den Mund hebt und ansetzt: Getränk an Getränk: o wie entgeht dann der Trinkende seltsam der Handlung...» (2. Duineser Elegie, I/447). Darum war es für Rilke wohl immer Zeit, «daß wir liebend uns vom Geliebten befrein und es bebend bestehn wie der Pfeil die Sehne besteht, um gesammelt im Absprung mehr zu sein als er selbst. Denn Bleiben ist nirgends.» (1. Duineser Elegie, I/443.) Zweifellos hat Rilkes Muttererfahrung zu dieser Störung und der Behinderung der Entwicklung scharfer Ich-Grenzen beigetragen. Ich muß es mir hier versagen, auf Biographie und Person Phia Rilkes (1851–1931) näher einzugehen und begnüge mich zum Beleg der Hypothese, folgendes Gedicht Rilkes zu zitieren:

> Ach wehe, meine Mutter reißt mich ein.
> Da hab ich Stein auf Stein zu mir gelegt,
> und stand schon wie ein kleines Haus, um das sich groß der Tag bewegt,
> sogar allein.
> Nun kommt die Mutter, kommt und reißt mich ein.
> Sie reißt mich ein, indem sie kommt und schaut.
> Sie sieht es nicht, daß einer baut.
> Sie geht mir mitten durch die Wand von Stein.
> Ach wehe, meine Mutter reißt mich ein.
> Die Vögel fliegen leichter um mich her.
> Die fremden Hunde wissen: das ist *der*.
> Nur einzig meine Mutter kennt es nicht,
> mein langsam mehr gewordenes Gesicht.

Von ihr zu mir war nie ein warmer Wind.
Sie lebt nicht dorten, wo die Lüfte sind.
Sie liegt in einem hohen Herz-Verschlag
und Christus kommt und wäscht sie jeden Tag.
(II/S. 101)

Es ist, wie mir scheint, für jedermann unübersehbar, daß hier einer eine äußerst negative Muttererfahrung geschildert hat, die Erfahrung einer Mutter, welche ihr Kind verfolgt, seine Ichgrenzen zerstört, den Bezug autonom-phallischer Positionen erschwert, den Knaben kastriert und in der Abgeschiedenheit der Urszene für diesen abwesend und im Sinne von Greens «toter Mutter» (1984) unerreichbar und unbekannt, kalt geblieben sein muß. Es ist meine Hypothese, daß dies Rilkes Muttererfahrung entsprach und daß ein projektiv-identifikatorisches, ambivalentes Verhaften an Liebesobjekten der Abwehr, bzw. Abspaltung des Hasses auf diese (Rilke erscheint als ein völlig aggressionsloser Mensch) und dem Wunsch nach Versöhnung mit diesen galt. Es gibt in Rilkes Leben und Werk Hinweise darauf, daß diese Verhältnisse gelegentlich sogar zu kurzen psychotischen Episoden Anlaß gegeben haben. Ich postuliere hier nun, daß derartige strukturelle Verhältnisse für Leukämiekranke typisch – wenn auch nicht spezifisch – sind und meiner Erfahrung nach bei ihnen häufig gefunden werden können.

Warum hat aber Rilkes Vatererfahrung nicht dazu beitragen können, die unheilvolle Fixierung an eine derart gespaltene, ihn einerseits idealisierende, andererseits verlassende und zerstörende Mutterimago abzulösen und ihn daraus zu befreien? (Greenson, 1982). Auch Rilkes Vaterschicksal kann ich hier nicht im Einzelnen nachzeichnen, sondern ich muß mich damit begnügen, Ihnen das Gedicht «Jugendbildnis meines Vaters» vorzulegen, in welchem Rilke die idealisierte, verführende Blässe seines Vaterbildes beleuchtet, welchem er sich in negativ-ödipaler Einstellung, ohne deutlichen Identifikationswunsch und in durchaus liebender, von allen Todeswünschen freien Weise, vergeblich anzunähern versuchte. Es lautet:

Im Auge Traum. Die Stirn wie in Berührung
mit etwas Fernem. Um den Mund enorm
viel Jugend, ungelächelte Verführung,
und vor der vollen schmückenden Verschnürung
der schlanken adeligen Uniform
der Säbelkorb und beide Hände –, die
abwarten, ruhig, zu nichts hingedrängt.
Und nun fast nicht mehr sichtbar: als ob sie
zuerst, die Fernes greifenden, verschwänden.
Und alles andre mit sich selbst verhängt
und ausgelöscht als ob wirs nicht verständen
und tief aus seiner eignen Tiefe trüb –.
Du schnell vergehendes Daguerrotyp
in meinen langsamer vergehenden Händen.
(I/S. 278)

Diese wenigen Hinweise sollen hier genügen, um Ihnen darzulegen, daß wir es bei Rilke aller Wahrscheinlichkeit nach mit einem in seinem narzißtischen Persönlichkeitsgefüge beeinträchtigten Menschen zu tun haben. Vor allem Störungen der Abgrenzung von den Objekten, somit der psychosexuellen Individuation, Mechanismen der projektiven Identifikation, der Spaltung der Objekte in «gute» und «böse» Anteile, der Abspaltung und Verleugnung aggressiver, destruktiver Impulse sowie Schwierigkeiten bei der Verarbeitung von Verlusterfahrungen bildeten die Hauptschwerpunkte dieser Störung. Rilkes Schaffen als kreatives Übergangsphänomen (Winnicott, 1973) ermöglichte es ihm, das labile Gleichgewicht zwischen den verschiedenen Persönlichkeitsanteilen aufrechtzuerhalten. Mit dessen Beendigung mußte es aber zum Zusammenbruch und zur Katastrophe kommen.

3. Meine dritte Hypothese bezieht sich auf eben diese Übergangsphänomene im Sinne Winnicotts und besagt, daß diese bei Rilke im Dienste einer stets gefährdeten, nie stabil vollzogenen Triangulierung gestanden haben. So schreibt Rilke z.B. im Malte dazu:

> ... War ich ein Nachahmer und Narr, daß ich eines Dritten bedurfte, um von dem Schicksal zweier Menschen zu erzählen, die es einander schwer machten? Wie leicht ich in die Falle fiel. Und ich hätte doch wissen müssen, daß dieser Dritte, der durch alle Leben und Literaturen geht, dieses Gespenst eines Dritten, der nie gewesen ist, keine Bedeutung hat, daß man ihn leugnen muß ... (I/S. 125)

Formal ist wohl Rilkes unermüdliches Schreiben und Dichten als dieses Dritte zu betrachten (so schrieb er z.B. oft bis zu 30 Briefe am Tage). Inhaltlich aber stellt m.E. der «Engel» der Duineser Elegien die eindrücklichste Darstellung dieses «Dritten» dar. So schreibt er z.B. unterm 13. 11. 1925 an Witold von Hulewicz (Sieber, S. 337):

> ... Der Engel der Elegien hat nichts mit dem Engel des christlichen Himmels zu tun. .. der Engel der Elegien ist dasjenige Geschöpf in dem die Verwandlung des Sichtbaren in Unsichtbares, die wir leisten, schon vollzogen erscheint ... Der Engel der Elegien ist dasjenige Wesen, das dafür einsteht, im Unsichtbaren einen höheren Rang der Realität zu erkennen. – Daher ‹schrecklich› für uns, weil wir, seine Liebenden und Verwandler, doch noch am Sichtbaren hängen.

Der Engel wird so zum Verbindungsglied zwischen dem Sichtbaren und dem Unsichtbaren, zwischen uns und dem Anderen, er ist, wie das Übergangsobjekt, im intermediären Raum angesiedelt, wo er «ich selber» ist und doch nicht ich selber, da er ja außerhalb mir ist: «Fangen die Engel wirklich nur Ihriges auf, ihnen Entstammtes, oder ist manchmal, wie aus Versehen, ein wenig unseres Wesens dabei?» (2. Duineser Elegie). Auch mit den Toten verbindet der Engel: «Engel (sagt man) wüßten oft nicht, ob sie unter Lebenden gehen oder unter Toten» (1. Duineser Elegie). Dadurch wird der Engel, im Augenblick, da er uns verbindet, auch zum Repräsentanten unseres eigenen Nichtseins. Indem er so ist wie wir, aber doch auch wieder nicht so, negiert er unser eigenes Dasein. Er verbindet das Getrennte und trennt das Verbundene: «Über uns hinweg spielt dann der Engel». Er hat ein «stärkeres Dasein» als wir und er ist «schrecklich», seiner Schönheit wegen, die ihn mit den Toten und damit mit dem Unsichtbaren verbindet.

In der Gestalt des Engels versucht Rilke, Züge des väterlichen und mütterlichen Idealobjektes und seines eigenen idealen Selbstaspektes zur Verschmelzung zu bringen (Dettmering), wozu Malte, welcher vorwiegend negative Anteile des Selbstaspektes repräsentiert, nicht in der Lage war. Dazu Rilke selber (in obigem Brief an Witold von Hulewicz):

> ... In den ‹Elegien› wird, aus den gleichen Gegebenheiten heraus, das Leben wieder möglich, ja es erfährt hier diejenige endgültige Bejahung, zu der es der junge Malte, obwohl auf dem richtigen schweren Wege ‹des longues études›, noch nicht führen konnte. Lebens- und Todesbejahung erweist sich als Eines in den ‹Elegien› ... Der Tod ist die von uns abgekehrte, von uns unbeschienene Seite des Lebens ... Es gibt weder ein Diesseits noch ein Jenseits, sondern die große Einheit, in der die uns übertreffenden Wesen, die ‹Engel›, zu Hause sind ...

Rilkes «Engel» heilt also den Bruch, der sich zwischen Rilke und seinen Objekten wohl schon früh aufgetan und Eintrittspforte für Angst, Schrecken und Todesdrohung gebildet hat und stellt damit in progressiver, nicht regressiver Hinsicht «Heil», d.h. Verbindung mit den guten Anteilen der verlorenen, verfolgenden oder verlassenden Objekte, wieder her.

Mit dem Verlust dieser «großen Einheit», d.h. deren Externalisierung durch Geburt und Schöpfung mittels der «Elegien» ist Rilke nun aber «leer» geworden, d.h. der Fusion mit seinen schlechten inneren Objekten wieder ausgeliefert, wodurch wieder möglich gewordenes Leben erneut unmöglich wird und Krankheit entstehen muß (Meerwein, 1987).

4. Die vierte Hypothese, die ich Ihnen zumute, ist eine metapsychologische. Sie besagt, daß sich bei Kranken mit malignen Tumor- und Blutkrankheiten die schlechten Anteile des gespaltenen, inneren Primärobjektes der Möglichkeit der Symbolisierung entziehen und durch Projektion im Tumor, bzw. im beschädigten Körperbild ihre Repräsentanz erhalten (Meerwein, 1987). Befallene und erkrankte Organe oder Körperteile können so Bedeutung und Funktion schlechter Anteile der Mutterimago aufnehmen, welche als feindselig, verfolgend und schließlich zerstörend erlebt werden. Es gibt bei Rilke Hinweise auf ein derart gestörtes Körpererleben, so z.B. in einem Brief an Gertrud Ouckama Knoop vom 13. Februar 1924, in welchem es heißt:

> «Mein Leib, als der in alles Eingeweihte, hat auch immer Prokura gehalten, er durfte, ebenso wie seine Mitverantwortlichen, zeichnen für die ganze ‹Firma›. Ein Umsturz dieser Geschäftsordnung wäre ein désastre für mich ...» (Sieber, 229/230).

Bei J. R. von Salis (S. 279) findet sich die Zitierung folgender Aussage Rilkes:

> «Wir waren so wunderbar gute Freunde, mein Körper und ich; ich weiß gar nicht, wie es kam, daß wir uns getrennt haben und einander fremd wurden. Seit zwei Jahren habe ich das Gefühl und die absolute Gewißheit gehabt, daß etwas ins Unermeßliche aufsteigt, das nun ausbricht.»

Rilke hatte schon auf die Beendigung des «Cornet» im Jahre 1904 und auf diejenige der «Aufzeichnungen des Malte Laurids Brigge» mit gesundheitlichen Störungen wohl vegetativ-dystoner Art reagiert. Im Sommer 1922, nach der Beendigung seines «Orkans im Geiste», d.h. nach der Niederschrift der noch fehlenden «Duineser Elegien» und der «Sonette an Orpheus», traten erstmals große Müdigkeit und unklare Oberbauchbeschwerden auf. Da sich diese Störungen verschlimmerten (im Februar 1923 kann er sich «kaum mehr rühren», wie er in einem Brief an Dora Vondermühll in Basel schreibt), begibt er sich im Sommer 1923 zweimal zu Kuraufenthalten in die Klinik Schöneck am Vierwaldstättersee. An Weihnachten 1923 erleidet er einen Kollaps, der ihn zum Eintritt in die Klinik Valmont bei Montreux zwingt, wo er unter die Obhut des ihm empfohlenen und von ihm sehr geschätzten Dr. Hämmerli gestellt wird, unter der er bis zu seinem Tode, mit Unterbrechungen, verbleibt. Anscheinend bat Hämmerli seinen Patienten anschließend um einen schriftlichen Bericht über sein weiteres Ergehen, welchen Rilke denn auch am 1. Februar 1924 in folgender Weise abstattete: *

Muzot s/Sierre (Valais)
am 1. Februar 1924

Mein lieber Dr. Hämmerli,

erschrecken Sie nicht vor diesem großen Bogen! Ich will, im Gegenteil möglichst knapp sein in meinem Bericht, den, etwa im Zeitraum von vierzehn Tagen abzustatten, Sie mir freundschaftlich erlaubt haben. Ich wähle dieses geräumige Blatt um der Übersicht willen, auch weil es Ihnen vielleicht am bequemsten sein möchte, eine oder die andere Bemerkung, mit der Sie mir beistehen wollen, gleich im Lesen an den Rand zu schreiben. Sie sehen, das Wort «beistehen» mußte aufgeworfen sein.

Die Darm-Zustände, die im Mittelpunkt der Behandlung standen, haben sich ohne Zweifel in der Besserung gehalten, die in Valmont erreicht worden ist: ihr Benehmen ist jetzt immer das der «guten Tage», und ich kann die Beschwerden, die ab und zu auftreten, meistens rasch wieder vergessen. Der Querdarm ist jedenfalls immer noch am betontesten und fühlbarsten, der Leib über ihm selten ganz entspannt. Viel Luftaufstoßen, wie das ja auch in Val-Mont der Fall war.
Appetit gut. Verdauung leicht und normal!
Kurz: diese Verhältnisse hätten mir ziemlich gute Tage erlaubt, wenn nicht die Folgen der «Entdeckung» alles umgeworfen hätten. (Ich habe nun eingesehen, daß ich, wie ich mich kenne, nach jenem Freitag, der doch immerhin ein neues Element zu dem bisherigen hinzugebracht hat, noch eine Woche hätte zugeben müssen, um die «Rückschläge» unter Ihrem Schutze und in Ihrer Beobachtung abzuwarten). Schon am Montag, nach meiner Rückkehr, waren die Spannungen am Halse, über die ich mich Samstag abend noch bei Ihnen beklagen konnte, wieder fühlbarer; ich habe wider die auftretenden Erscheinungen alle Mittel angewendet, die Sie mir an die Hand gegeben haben, in der, nach der genauen Untersuchung, wiederholten Versicherung, daß es sich um eine *alte* Kropf-Bildung handle, von der zunächst keinerlei Veränderungen zu erwarten seien; ich konnte mir auch selber wiederholen, daß ja alle, nun so deutlich empfundenen Beschwerden erst mit dem Moment der Entdeckung entstanden waren, also auf dem Umweg über das plötzliche Bewußtsein sich realisierten. Umsonst. Es wurde von Tag zu Tag ärger, so daß schließlich auch der bequemste Kragen mir lästig wurde, weil, wie ich zu empfinden glau-

* Vgl. Faksimile des Briefes auf den Seiten 33–38.

be, die Schwellung nun gegen die *Mitte* des Halse zu zugenommen hat; an die Schwellung links war ich längst gewöhnt und sie ist mir, wie gesagt, seit langer Zeit nicht mehr störend geworden. Dagegen meinte ich jetzt erst zu merken, daß sich diese Verdickung weit in die Mitte des Halses erstrecke –, und dies war kaum wahrgenommen, als an dieser Stelle eine ständige Empfindlichkeit sich geltend machte. Da sie bis an den Punkt heraufreicht, wo der Kragenknopf den Hals berührt, entstanden beständige Unbequemlichkeiten, wie ich dergleichen nie empfunden hatte. Fast *bei jedem Schlucken* wurde der Kragen irgendwie nach aufwärts gedrängt, Seine ganze Lage war nicht die mir gewohnte; das Gefühl dieser (mittleren) Schwellung blieb umso anhaltender, als die gewissen Spannungen, die ich oft durch den Luftandrang im Hals fühle, die Einbildung eines merkwürdigen Druckes wahrscheinlich von sich aus unterhielten.

Der Zustand der natürlich meine Verfassung, bei Tische besonders*, sehr beeinträchtigte steigerte sich zu einer wirklichen Peinigung und hat zur Folge gehabt, daß meine nervöse Verfassung im Lauf der letzten Woche nicht die beste war. Ab und zu meinte ich sogar, in den Bewegungen des Kopfes leicht behindert zu sein, und daß die Athemlosigkeit beim Gehen und Bücken zunahm, schrieb ich ohne weiters auf dieses neue Conto (Schade!)

*(so, daß ich, seit 10 Tagen, immer im Zustande einer gewissen Irritation meine Mahlzeiten einnehme; auch sonst bei allen möglichen Anlässen – sei es die Anstrengung beim Schnäuzen oder beim Stuhlgang, drängt der Hals in einer mir ganz ungewohnten Weise wider den Kragen oder sogar wider den bloßen, durchaus nicht engen Hemdverschluß, so daß ich immer wieder an die Bewußtmachung dieses Übelstandes gerathe...)

Die zunehmende Irritierung und Depression hat natürlich allerhand Folgen: so muß ich mich anklagen, was das Kratzen in einer gewissen Gegend betrifft, wieder bei Weitem rückfälliger geworden zu sein, nach den guten Fortschritten in Valmont (Hier muß ich noch versuchen, eine mich durchaus schützende Einstellung zu gewinnen!).

Ich bin nun sehr froh, daß die genaue Untersuchung an jenem Samstag abend stattgefunden hat; sie wird Sie in den Stand setzen, zu beurtheilen, ob der Kropf damals schon soweit gegen die Mitte vorgeschoben war, und ob er auch in *dieser* Partie alt und kompensiert erscheint: ist dies der Fall, so hat mir meine Einbildung wieder einmal einen Streich gespielt, und einen ausdauernden; denn die Beschwerden sind keineswegs abgelaufen. Oder besteht die Möglichkeit, daß da doch ein Zunehmen einsetze*: so, daß am Ende das eigenthümlich Unsichere meines Befindens in einer neuen Aktivität dieser alten Entartung seinen Grund hätte?

*(NB. Ich könnte in der That schwören, *diese* Schwellung gegen die Mitte zu, die bis unter den Kragenknopf heraufstößt, früher nie gemerkt, noch gefühlt zu haben! beim Abendanzug z. B. trug ich oft recht enge und höhere Kragen, wo sich dergleichen Störung sicher gezeigt haben würde.)

Die «Entdeckung» selbst hat mich mehr getroffen, als ich erst selber wußte: die Sorge, Athem und Stimme könnten sich verändern und nun die andere Sorge, daß diese, in die Mitte reichende Schwellung neuer sei und neue Beschwerden nach sich zöge –, sind nicht ganz ohne Einfluß auf mich. Indessen steht hinter dem, was ich hier beschreibe, keine eigentliche «Phobie»; ich habe mich nicht in den Dienst der Imagination gestellt, thue meine tägliche Arbeit und hoffe, bessere zu thun, sowie kein Kragenknopf mehr mitreden wird! (daß meine Verfassung, ohne diese tägliche Beeinträchtigung, eine gute sein könnte, merke ich, unter Anderem, am Abend beim Auskleiden, an dem Knistern elektrischer Funken in meiner Wäsche; eine Erscheinung, die, wie ich beobachtet habe nur bei einem gewissen Positiv-Sein meiner Vitalität sich einstellt.)

Ja, noch eines, um der Vollzähligkeit willen: starke Neigung zu Hautunreinigkeiten an den Oberschenkeln; aus einer dieser Röthungen hat sich (etwas handbreit unter den Brandverletzungen, – die ganz geheilt sind –) am linken Oberschenkel ein großer Abszess entwickelt, der indessen keine Schmerzen bereitet, unter

fortgesetzten heißen Ouataplasma-Aufschlägen, normal verläuft, so daß jetzt, nach etwa drei Tagen, schon zwei große Eiterplätze im Geschwür freiliegen.
Genug, mein lieber Dr. Hämmerli; längst genug aber ich wollte genau sein. Plagen Sie sich *nicht* mit Antworten, bitte: ein paar Schlagworte hier an den Rand, bei Gelegenheit. Gern hätte ich besseres berichtet; Sie hättens verdient gehabt!

Dankbar und freundschaftlich
Ihr
Rilke

(P.S. Die «Vision extrarétinienne» und die Birchersche Zeitschrift zur Durchsicht!)
(Louis Farigoule ist identisch mit dem als Dichter bedeutenden und bekannten Jules Romains.)

Offensichtlich fürchtet Rilke, durch Identifikation mit der Macht des ihn verfolgenden Krankheitsprozesses seinen Arzt zu erschrecken und zum Rückzug zu veranlassen, und bittet ihn deshalb mit Nachdruck, seinen Beistand nicht zu verweigern («das Wort ‹beistehen› mußte aufgeworfen scin»). Die Befürchtung, bei ihren Ärzten Angst und Schrecken auszulösen und deshalb verlassen zu werden, also eine projektive Identifikation mit der Angst von Arzt und Patient, findet sich bei vielen Karzinom- und Leukämiekranken. Eine Trennung vom Arzt kann aber Folgen haben: schon kurz nach der Heimkehr machte Rilke eine «Entdeckung», die ihn umwarf, eine depersonalisationsartige Veränderung des Körpergefühls mit sich brachte, ihn nicht mehr losließ und zu einer Depression führte. Einen Pruritus ani erlebte er als eine narzißtische Attacke auf sein Körperselbst, vor welcher er sich schützen mußte. Der Konflikt zwischen der Angst vor der Verfolgung durch das «böse» innere Objekt, den «Kropf» (wahrscheinlich handelte es sich um Lymphombildungen) und der Verleugnung der Angst zieht sich durch das ganze Schreiben hindurch. Handelt es sich um etwas Altbekanntes oder um etwas Neuartiges, oder um eine bösartige Entwicklung des Alten? Rilke beteuert, daß er dennoch seiner Arbeit nachgeht, wie um das Verfolgende zu beschwichtigen und es so weniger bösartig erscheinen zu lassen. Mit Befriedigung registriert er das Knistern seiner Wäsche beim abendlichen Auskleiden (Rilke zog sich übrigens, auch wenn er alleine war, zum ihm von Frieda Baumgartner bereiteten Abendessen immer um). Dies bedeutet ihm den Besitz von genügend vitaler Kraft, d.g. guter innerer Objekte, um gegen die Krankheit angehen zu können. Die gleichzeitige Alarmierung und Beruhigung kennzeichnet auch die Beziehung zu Dr. Hämmerli. Die räumliche Anordnung des Briefes stellt den Wunsch nach «Beistand» und die Angst vor dem Verlust dieses Beistandes auch räumlich dar. Damit das Objekt, mit dem er sich verbinden möchte, ihn nicht verläßt, räumt er ihm in Anlehnung an sich selber beinahe denselben Raum gerade daneben ein, wie wenn einer dem andern sich an den Mund anhöbe und ansetzte, «Getränk an Getränk». Nachdem nun schließlich aber «zwei große Eiterplätze im Geschwür freiliegen» entläßt der Dichter den Arzt, welchen er geplagt hat (die Krankheit des Patienten ist für Rilke die Plage des Arztes, die Aggression auf diesen) und verleugnet damit den Wunsch, diesen zu plagen, indem er ihn von der Pflicht, Antworten zu geben, auf welche Rilke dringend wartet, entbindet. Höchstens ein paar «Schlagworte» (Gegenschläge?) werden vom Arzt noch erbittet, um dann den Arzt, der «besseres verdient hätte», dankbar und freundschaftlich zu verabschieden, die Ahnung von herannahendem Unheil nur schlecht verleugnend.

Aus etwa ein Jahr späterer Zeit liegt uns ein weiterer Brief Rilkes vor, welcher wie folgt lautet:

Château de Muzot s./Sierre (Valais)
am 10. Dezember 1925

Mein lieber Dr. Hämmerli,

zwar habe ich mir vorgeworfen, angesichts Ihres Telegramms, nicht im November nach Valmont gefahren zu sein: ich war oft so nahe dran, aber es ist so schwer, von Muzot aus eine Reise zu machen, die Anziehung der «Massen» überwiegt in so einem festen Thurm – hätt ich Sie nur irgendwann eine Viertelstunde besuchen dürfen, wie würde mir das diese Tage, die wirklich recht bange sind, erleichtert haben! Wenn es nur irgend geht, die Mundverhältnisse nicht zu peinlich werden, möcht ich Sie doch abwarten. Sie wissen, *was* es für mich war, vor zwei Jahren, Ihren Beistand gefunden zu haben, ein neues Anvertrauen fiele mir unendlich schwer. Alleräußersten Falles fahre ich zu Dr. Mäder, – aber sollte es wirklich an dem sein, daß Sie zwischen 18. und 20. wieder in Valmont sind, so wär's das Tröstlichste für mich, die Tage zu zählen und so lange hinzuhalten.

Sie thäten mir den größten Dienst, mich telegraphisch wissen zu lassen, wann Sie wieder zuhause sind. Fürchten Sie nicht eine zugroße Inanspruchnahme durch mich; ich würde (auch diesmal war so meine Absicht) kaum in Valmont *bleiben*, sondern Sie nur eine intensive halbe Stunde mit meinen Nöthen beschäftigen.

Alles Gute für Ihr Dortsein (vielleicht, wenn die Reise beruflich war, sehen Sie manches Interessante) und gute Rückkehr, die sicher, auch in Valmont, keiner mehr ersehnt, als Ihr

dankbar ergebener Rilke.

Der überaus freundliche und höfliche Ton auch dieses Briefes kann nur schwer über die Enttäuschung über die Abwesenheit von Dr. Hämmerli und über die Frage, wo Hämmerli nun tatsächlich sei und aus welchen Motiven er sich entfernt haben könnte, hinwegtäuschen. Der Unterton verleugneter Aggression ist unverkennbar. Wahrscheinlich war eine frühere Konsultation Rilkes bei Hämmerli nicht zustande gekommen, weil Rilke sich von seinem (narzißtischen?) Refugium im Turm von Muzot nicht hatte trennen können. Eine neue Vereinbarung wurde aber anscheinend durch Hämmerli in einem Telegramm abgesagt und Rilke wurde an einen anderen Arzt verwiesen, was Rilke aber als Kränkung empfand, auf welche er aus Gegenkränkung nicht eingehen wollte. Der Verweis auf Dr. Maeder bezog sich auf die Tatsache, daß Dr. Hämmerli, gemeinsam mit, oder unter dem Einfluß von Lou Andreas Salomé und psycho-onkologischen Gedankengängen folgend, damals erwogen hatte, Rilke zum Zürcher Psychotherapeuten Alphons Maeder zu überweisen. Er war sich dabei wohl der Tatsache bewußt, wieviel mit Persönlichkeit und Leben Rilkes Verbundenes in Rilkes Krankheit zum Vorschein kam und daß die Krankheit diesbezüglich wohl «eine Botschaft» zum Ausdruck brachte. Zu einer tatsächlichen Konsultation bei Maeder kam es aber meines Wissens damals und auch später nicht mehr.

Rilke warnt Hämmerli in diesem Brief aber auch vor seinen oralen Verschmelzungswünschen, die er gleichzeitig verleugnet, und die er möglicherweise als Grund für die plötzliche Absage der Konsultation durch Hämmerli phantasiert hat. Rilke will seinen Arzt unter keinen Umständen in die «entsetzliche Lage bringen, geliebt zu sein», weshalb er ihm gegenüber mit allergrößter, unecht anmutender Bescheidenheit und Aggressionslosigkeit auftritt.

Die Höflichkeit, mit welcher Rilke in beiden Briefen seine aggressive Beschwerde über die Abwesenheit des Arztes und seine Warnungen vor seinen oral-aggressiven Wünschen an ihn zum Ausdruck bringt, kann schließlich auch als Wirkung eines masochistischen Über-Ichs verstanden werden, mit welcher Rilke seine «globale Identifikation» (Müller, 1984) mit der einreißenden Mutter («Ach wehe, meine Mutter reißt mich ein») verhüllt. Dem Objekt (Arzt) droht das «Einreissen» durch das Subjekt (Rilke), wovor Dr. Hämmerli mit der Bitte gewarnt wird, vor dem «großen Bogen nicht zu erschrecken» (1. Brief), sondern nur eine «intensive halbe Stunde» beizustehen, um sich dabei mit den «Nöthen» des Patienten zu beschäftigen (2. Brief), aber auf keinen Fall mehr.

Verschmelzungswünsche und Trennungsängste, projektive Identifikationen mit der Angst von Arzt und Patient, Spaltungen innerer Objckte in «gute» und «schlechte» Anteile, Verleugnungen schlechter innerer Anteile und Verfolgung durch diese, wie sie bei vielen Leukämiekranken auftreten, leuchten in diesen Briefen in erschütternder Weise auf. Da sie von einem sprachgewaltigen Dichter an einen Arzt geschrieben sind, bilden sie zudem einen Beitrag zum Verständnis der Arzt-Patienten-Beziehung Leukämiekranker.

Rilkes Krankheit schritt daraufhin aber weiter fort. Im Herbst 1926 verletzte er sich beim Rosenschneiden im Garten von Muzot, woraus sich eiternde Infektionen entwickelten, die seinen Wiedereintritt in Valmont notwendig machten. Dort starb Rilke am 29. Dezember 1926.

Rose, oh reiner Widerspruch,
Lust, niemandes Schlaf zu sein unter so viel Lidern,

steht auf Rilkes Grab bei der Kirche von Raron im Wallis geschrieben. An der Rose, dem inneren Primärobjekt der Liebe, blieb Rilke wohl zeit seines Lebens ambivalent verhaftet. Er verblieb zu ihm, diesem Objekt, in einem Widerspruch, der ihn vor ödipaler Schuld «rein» hielt. Ein «Schlaf» mit diesem Objekt unter so vielen Verleugnungen («Lidern») konnte jedoch kein Schlaf mit einem Objekt sein, sondern mußte ein Schlaf mit niemandem bleiben. An der Fusion mit diesem inneren Objekt ist der Dichter schließlich zugrunde gegangen und seinen «eigenen Tod» gestorben (Dettmering, 1969, 1981; Meerwein, 1985).

Literatur

Bahne-Bahnson, C.: Krebs in psychosomatischer Dimension. In: Th. v. Üxküll, Lehrbuch der psychosomatischen Medizin. Urban u. Schwarzenberg, München 1986³.

Dettmering, P.: Dichtung und Psychoanalyse. Sammlung Dialog. Nymphenburger Verlagshandlung, München 1969.

Dettmering, P.: Psychoanalyse als Instrument der Literaturwissenschaft. Fachbuchhandlung f. Psychologie GmbH. Verlagsabteilung, Frankfurt/M. 1981.

Green, A.: Narcissisme de vie, narcissisme de mort. Editions de Minuit, 1984.
Greenson, R.: Die Beendigung der Identifizierung mit der Mutter und ihre besondere Bedeutung für den Jungen. In: Psychoanalytische Erkundungen. Klett/Cotta, Stuttgart 1982.
Leppmann, W.: Rilke. Leben und Werk. Scherz-Verlag, Bern/München 1981.
Meerwein, F.: Starb Rainer Maria Rilke seinen eigenen Tod? Eine psychoanalytische Studie über Rilkes leukämische Erkrankung. In: Psychanalyse 1985. La Baconnière, Neuchâtel 1985.
Meerwein, F.: Bemerkungen zur Metapsychologie schwerer Krebserkrankungen. In: Bulletin der Schweiz. Gesellschaft für Psychoanalyse, *23*, 1987.
Meerwein, F. (Hrsg.): Einführung in die Psycho-Onkologie. 3. Huber, Bern Stuttgart Toronto 1985[3].
Müller-Pozzi, H.: Identifikation und Konflikt. Psyche *39*, 1984, 877–904.
Rilke, Rainer Maria: Werke (in drei Bänden). Insel, Frankfurt/M. 1966.
Salis, J. R. v.: Rilkes Schweizer Jahre. Suhrkamp, Frankfurt/M. o. J.
Sieber-Rilke R. u. C. (Hrsg.): Briefe aus Muzot 1921–1926. Insel, Leipzig 1936.
Simenauer, E.: Rainer Maria Rilke. Legende und Mythos. Haupt, Bern 1953.
Simenauer, E.: Rainer Maria Rilke in psychoanalytischer Sicht. Psyche, *30:12*, 1976, 1081–1112.
Simenauer, E.: Der Traum bei R. M. Rilke. Haupt, Bern/Stuttgart 1976.
Winnicott, D. W.: Vom Spiel zur Kreativität. Klett, Stuttgart 1973.

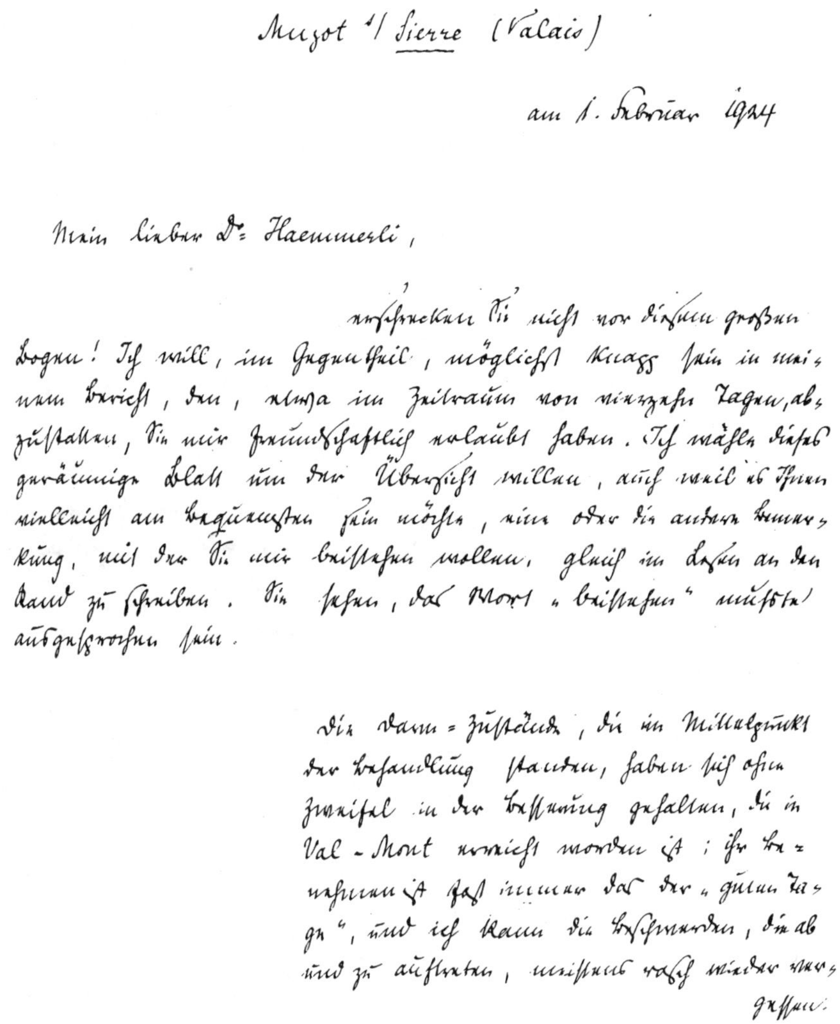
Muzot s/Sierre (Valais)

am 1. Februar 1924

Mein lieber Dr. Haemmerli,

erschrecken Sie nicht vor diesem großen Bogen! Ich will, im Gegentheil, möglichst knapp sein in meinem Bericht, den, etwa im Zeitraum von vierzehn Tagen, abzustatten, Sie mir freundschaftlich erlaubt haben. Ich wähle dieses geräumige Blatt um der Übersicht willen, auch weil es Ihnen vielleicht am bequemsten sein möchte, eine oder die andere Bemerkung, mit der Sie mir beistehen wollen, gleich im Bogen an den Rand zu schreiben. Sie sehen, das Wort „beistehen" müßte ausgestrichen sein.

Die Darm-Zustände, die im Mittelpunkt der Behandlung standen, haben sich ohne Zweifel in der Besserung gehalten, die in Val-Mont erreicht worden ist: ihr Benehmen ist fast immer das der „guten Tage", und ich kann die Beschwerden, die ab und zu auftreten, meistens rasch wieder vergessen.

Faksimile des Briefes von Rainer Maria Rilke an Dr. Hämmerli (vgl. S. 27–29).

der Quersdarm ist jedenfalls immer noch am betontesten und fühlbarsten, der Leib über ihm selten ganz entspannt. Viel Luft-aufstoßen, wie das ja auch in Val-Mont der Fall war.
Appetit gut. Verdauung leicht und normal.

Kurz: diese Verhältnisse hätten mir ziemlich gute Tage erlaubt, wenn nicht die Folgen der „Entdeckung" alles umgeworfen hätten. (Ich habe nun eingesehen, daß ich, wie ich mich kenne, nach jenem Freitag, der doch immerhin ein neues Element zu dem bisherigen hinzugebracht hat, noch eine Woche hätte zugeben müssen, um die „Rückschläge" unter Ihrem Schutz und in Ihrer Beobachtung abzuwarten).
Schon am Montag, nach meiner Rückkehr, waren die Spannungen am Halse, über die ich mich Samstag abend noch bei Ihnen beklagen konnte, wieder fühlbarer; ich habe wider die auftretenden Erscheinungen alle Mittel angewendet, die Sie mir an die Hand gegeben haben, in der, nach der genauen Untersuchung, wiederholten Versicherung,

Faksimile des Briefes von Rainer Maria Rilke an Dr. Hämmerli (vgl. S. 27–29).

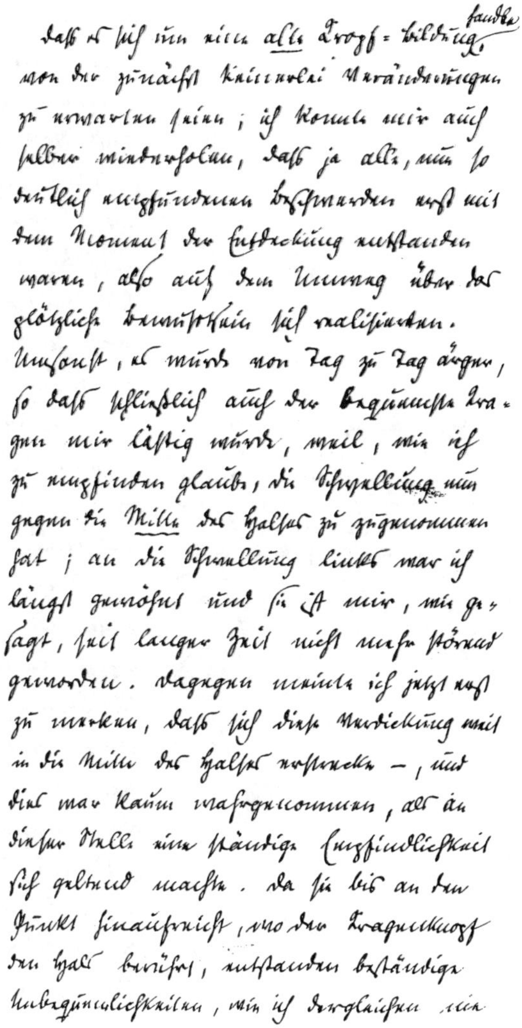

daß es sich um eine alte Kropf=bildung handle,
von der zunächst keinerlei Veränderungen
zu erwarten seien; ich konnte mir auch
selber wiederholen, daß ja alle, nun so
deutlich empfundenen Beschwerden erst mit
dem Moment der Entdeckung entstanden
waren, also auch dem Umweg über das
plötzliche Bewußtsein sich realisierten.
Umsonst, es wurde von Tag zu Tag ärger,
so daß schließlich auch der bequemste Kragen mir lästig wurde, weil, wie ich
zu empfinden glaube, die Schwellung nun
gegen die Mitte des Halses zu zugenommen
hat; an die Schwellung links war ich
längst gewöhnt und sie ist mir, wie gesagt, seit langer Zeit nicht mehr störend
geworden. Dagegen meinte ich jetzt erst
zu merken, daß sich diese Verdickung weit
in die Mitte des Halses erstrecke —, und
dies war kaum wahrgenommen, als an
dieser Stelle eine ständige Empfindlichkeit
sich geltend machte. Da sie bis an den
Punkt hinaufreicht, wo der Kragenknopf
den Hals berührt, entstanden beständige
Unbequemlichkeiten, wie ich dergleichen nie

Faksimile des Briefes von Rainer Maria Rilke an Dr. Hämmerli (vgl. S. 27–29).

empfunden hatte. Dass bei jedem Schlucken würde der Kragen irgendwie nach aufwärts gedrängt, seine ganze Lage war nicht die mir gewohnte; das Gefühl dieser (mittleren) Schwellung blieb umso anhaltender, als die gewissen Stauungen, die ich oft durch den Luftandrang im Halse fühle, die Einbildung eines merkwürdigen Druckes wahrscheinlich von sich aus unterhalten.
Der Zustand, der natürlich meine Verfassung, bei Tische besonders x) sehr beeinträchtigte, steigerte sich zu einer wirklichen Peinigung und hat zur Folge gehabt, dass meine nervöse Verfassung im Lauf der letzten Woche nicht die beste war. Ab und zu meinte ich sogar, in den Bewegungen des Kopfes leicht behindert zu sein, und dass die Athemlosigkeit beim Gehen und Bücken zunahm, schiebe ich ohneweiters auf dieses neue Conto. (Schade!)
Die zunehmende Irritierung und Depression hat natürlich allerhand Folgen: so muss ich mich anklagen, was das Kratzen in der gewissen Gegend betrifft, wieder bei Weitem rückfälliger geworden zu sein, was den

x) (so, dass ich, seit zehn Tagen, immer im Zustande einer gewissen Irritation meine Mahlzeiten einnehme; auch sonst bei allen möglichen Anlässen – sei es die Anstrengung beim Schnäuzen oder beim Aufsteigen, drängt der Hals in einer ~~[illegible]~~ mir ganz ungewohnten Weise wider den Kragen oder sogar + wider den blossen, durchaus nicht engen Hemdverschluss: so dass ich immer wieder an die Bewusstmachung dieses Übelstandes gerathe ....)

Faksimile des Briefes von Rainer Maria Rilke an Dr. Hämmerli (vgl. S. 27–29).

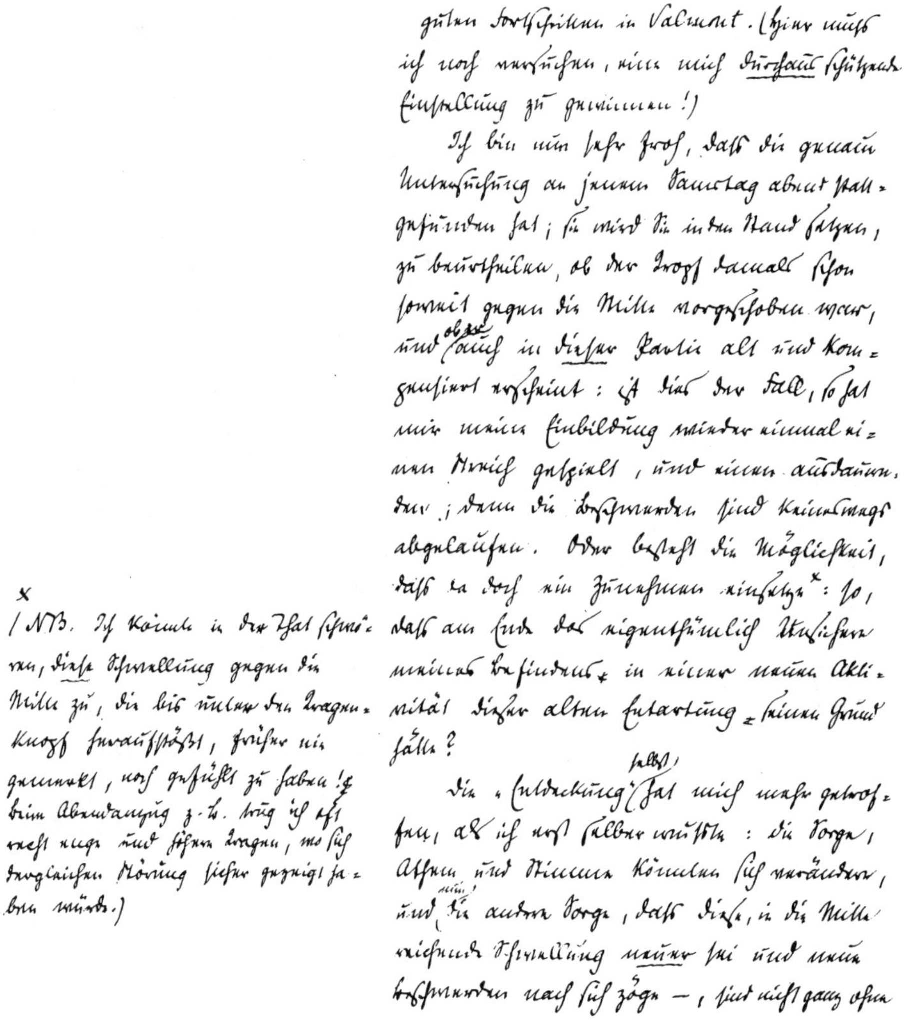

guten Fortschritten in Valmont. (Hier muss ich noch versuchen, eine mich durchaus schützende Einstellung zu gewinnen!)

Ich bin nun sehr froh, dass die genaue Untersuchung an jenem Samstag abend stattgefunden hat; sie wird Sie in den Stand setzen, zu beurtheilen, ob der Kropf damals schon soweit gegen die Mitte vorgeschoben war, und ob auch in dieser Partie alt und konsolidiert erscheint: ist dies der Fall, so hat mir meine Einbildung wieder einmal einen Streich gespielt, und einen ausdauernden; denn die Beschwerden sind keineswegs abgelaufen. Oder besteht die Möglichkeit, dass es doch ein Zunehmen einsetze×: so, dass am Ende das eigenthümlich Unsichere meines Befindens in einer neuen Aktivität dieser alten Entartung seinen Grund hätte?

Die „Entdeckung" selbst hat mich mehr getroffen, als ich erst selber wusste: die Sorge, Athmen und Stimme könnten sich verändern, und meine andere Sorge, dass diese, in die Mitte reichende Schwellung neuer sei und neue Beschwerden nach sich zöge —, sind nicht ganz ohne

× (NB. Ich könnte in der That schwören, diese Schwellung gegen die Mitte zu, die bis unter den Kragenknopf heraufstößt, früher nie gemerkt, noch gefühlt zu haben! Beim Abendanzug z. B. trug ich oft recht enge und hohe Kragen, wo sich dergleichen Störung sicher gezeigt haben würde.)

Faksimile des Briefes von Rainer Maria Rilke an Dr. Hämmerli (vgl. S. 27–29).

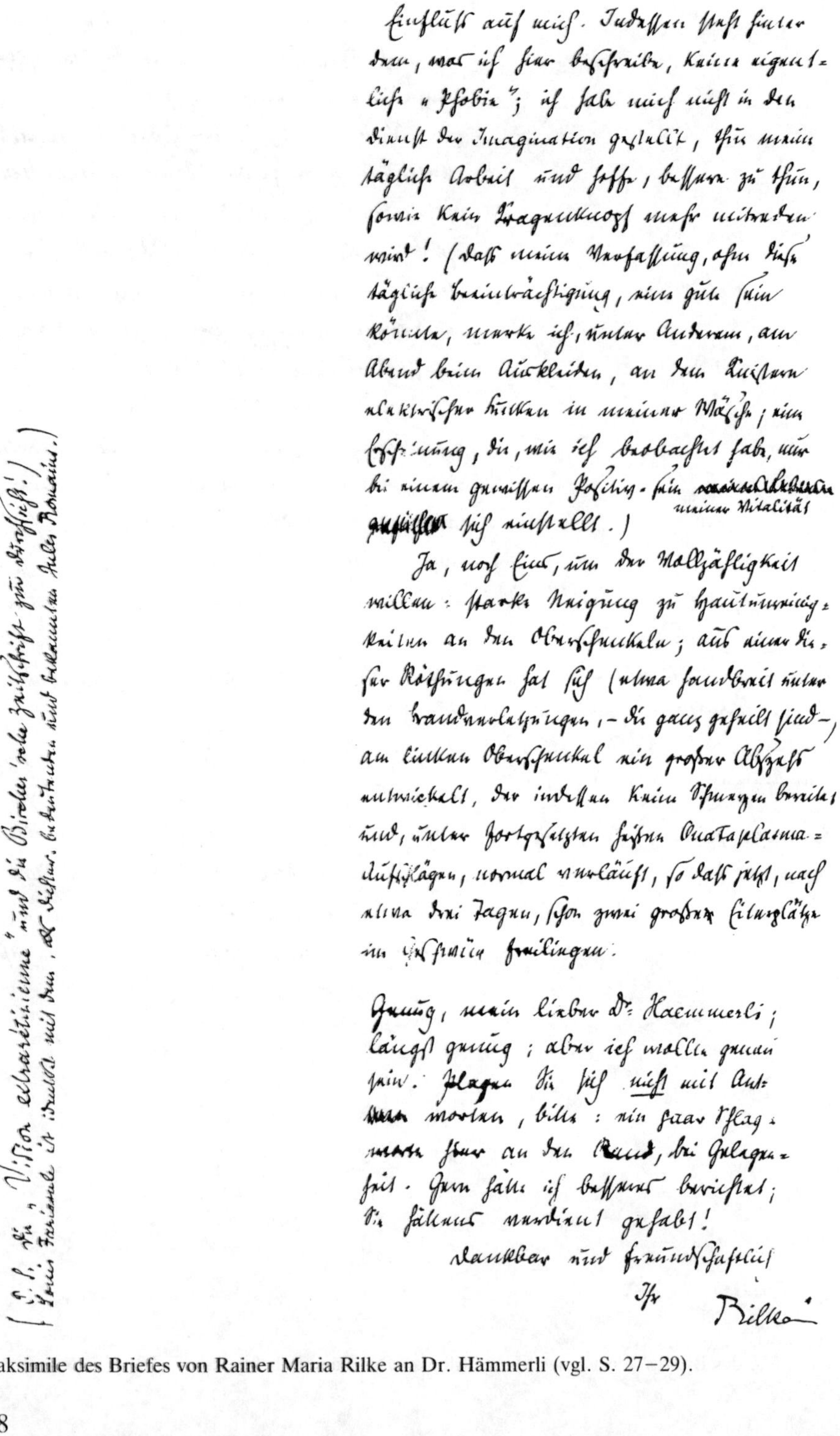

Einfluß auf mich. Indessen steht hinter dem, was ich hier beschreibe, keine eigentliche „Phobie"; ich habe mich nicht in den Dienst der Imagination gestellt, thue meine tägliche Arbeit und hoffe, besser zu thun, sowie kein Magenkrampf mehr eintreten wird! (Daß meine Verfassung, ohne diese tägliche Beeinträchtigung, eine gute sein könnte, merke ich, unter Anderem, am Abend beim Auskleiden, an dem Knistern elektrischer Funken in meiner Wäsche; eine Erscheinung, die, wie ich beobachtet habe, nur bei einem gewissen [illegible] meiner Vitalität sich einstellt.)

Ja, noch Eines, um der Vollzähligkeit willen: starke Neigung zu Hautunreinigkeiten an den Oberschenkeln; aus einer dieser Röthungen hat sich (etwa handbreit unter den Handverletzungen, – die ganz geheilt sind –) am linken Oberschenkel ein großer Abszeß entwickelt, der indessen keine Schmerzen bereitet und, unter fortgesetzten heißen Cataplasma-Aufschlägen, normal verläuft, so daß jetzt, nach etwa drei Tagen, schon zwei größere [illegible] im [illegible] [illegible].

Genug, mein lieber Dr. Haemmerli; längst genug; aber ich wollte genau sein. Plagen Sie sich nicht mit Antworten, bitte: ein paar Schlagworte später an den Rand, bei Gelegenheit. Gern hätte ich besseres berichtet; Sie hätten's verdient gehabt!

dankbar und freundschaftlich

Ihr

Rilke

(P.S. Die „Vision extrarétinienne" und die Bircher'sche Zeitschrift [illegible]!)
([illegible] ist identisch mit dem, des Dichters, bedeutenden und bekannten Jules Romains.)

Faksimile des Briefes von Rainer Maria Rilke an Dr. Hämmerli (vgl. S. 27–29).

Narzißmus und Psychotherapeut

Narzißmus und das Dilemma des Psychotherapeuten*

Max Rosenbaum

Kürzlich zeigte ein Komiker am Fernsehen die Persönlichkeitsprobleme der Amerikaner auf. Vor einigen Jahren bestand eine Zeitschrift «LIFE». Sie hatte eine riesige Auflage. Es ging mit ihr bergab, und später trat ein Magazin in den Vordergrund, das sich «SELF» (SELBST) nannte. Dieses Magazin hat seine Glanzzeit hinter sich und ist nun nicht mehr sehr populär. Aber eine neue Zeitschrift, die das Interesse des Publikums geweckt hat, nennt sich «ME» (MICH). Ich weiß nicht, ob das, was ich beschrieben habe, zutreffend für den ganzen Planeten Erde ist, aber es scheint für den größten Teil der zivilisierten Welt zu gelten – speziell für die entwickelten, industrialisierten Nationen der Welt. Heute will ich zu Ihnen und mit Ihnen sprechen, da ich Reaktionen herausfordere, über die Probleme der gewissenhaften Psychiatrie-Fachleute in einer Kultur, die der geistigen Gesundheit nur Lippendienst leistet. Oder, um es unverblümter zu sagen, manchmal denke ich, daß wir alle Herkules nacheifern, die endlose Aufgabe vor Augen, den Stall des Augias zu reinigen. Wie sollen wir den Problemen, denen sich unsere Gesellschaft gegenüber sieht, auf andere Weise Rechnung tragen?

Eine Nation in Südafrika weigert sich, ihren Einwohnern die elementaren Menschenrechte zu garantieren. Die Botschaft scheint klar zu sein: Ich habe das Meinige, du mußt zusehen, daß du das Deinige bekommst. Der Präsident meines Landes hintergeht die Menschen, die ihn gewählt haben, und verkauft Waffen an Terroristen, die eben die Gefüge menschlicher Beziehungen zerstören. Wenn er zu einer Antwort gedrängt wird, erklärt er schließlich, daß seine Stellung dazu diene, Leute zu kontaktieren, die helfen würden, ein gekidnapptes Familienmitglied zu befreien. Die Ironie fiel dem Präsidenten der USA nicht auf: Hier ist der Held des Antikommunismus, der Lenins Kredo annimmt – man muß sich mit dem Teufel zusammentun, um sein Ziel zu erreichen; deshalb heilige der Zweck die Mittel. Wir Fachleute der psychischen Hygiene, ob wir es mögen oder nicht, sind in das Feld der Moral eingeschlossen. Unsere Patienten kommen in Verzweiflung, und wir sind immer in Gefahr, Säkularpriester zu werden. Viele unserer Patienten suchen nach einfachen Antworten. Chatterjee, der indianische Philosoph, stellte fest: «Wenn du nicht weißt, wohin du gehst, wird jeder Weg dich dorthin führen.» In der Ausübung der Psychotherapie sind wir oft ebenso erschreckt wie unsere Patienten. Manche unserer Patienten fliehen aus ihren wohlhabenden Ursprungsländern in der Suche nach Armut, die in Verbindung steht mit der Geschichte, der Dramatik und der Rechtschaffenheit. Trotz dem Gerede über das Finden seiner Wurzeln, werden viele von uns ihrer Wurzeln müde, die ohnehin nur oberflächlich sein dürften, und reisen im Streben nach Wurzellosigkeit. Einer der populärsten Ferienanbieter des letzten

* Zitate von englisch schreibenden Autoren wurden frei in die deutsche Sprache übersetzt.

Jahrzehnts, Club Med., bietet ein Tageslager für Erwachsene an als einen Weg, der einen mit Einsamkeit belohnt. Der Club schmeichelt dem Schwindler in jedem von uns. Warum würden wir sonst so hart versuchen zu sprechen, zu handeln und auszusehen wie ein Einheimischer eines anderen Ortes? Vielleicht hoffen wir, indem wir diese spezielle Verkleidung annehmen, einen inneren Frieden zu finden. Da Kostümfeste nicht mehr populär sind, hat Reisen deren Platz eingenommen. Zuhause stellen wir uns selbst dar. Wenn wir im Ausland reisen, können wir versuchen zu sein, wer immer wir möchten. D. H. Lawrence, der Romanschriftsteller, spürte dies in seinen Ängsten vor den Anzeichen der Torschlußpanik – die Furcht vor dem Geschlossenwerden des Tores, dem Ende der Kultur.

Mahler, Pine und Bergman (1975) führten das Konzept des «gefühlsmäßigen Wiederauftankens» fort – eine wunderschöne Metapher, um den Energieaustausch zwischen Mutter und Kind darzustellen. Obwohl das Kind in diesem Stadium es genießt, eine neue Freiheit zu erforschen, bringt das Auftreten von Fortbewegungsfähigkeiten ein erhöhtes Bewußtsein von Isoliertheit und ein Bewußtsein, das gleichzeitig verlockend und erschreckend ist. Der Differenzierungsprozeß ist deshalb durch Momente des Zweifels oder der Unbehaglichkeit gestört. Die Mutter wird weiterhin als «Stützpunkt» benötigt, um das Bedürfnis nach Auftanken durch physischen Kontakt zu stillen: Es ist leicht zu sehen, wie das erschlaffte und ermüdete Kind in kürzester Zeit nach dem Kontakt «in Stimmung kommt». Dann setzt es rasch seine Erforschungen fort und vertieft sich wieder ganz in seine Vergnügungen des Funktionierens (S. 69). Diese Beschreibung wurde allgemein in der psychoanalytischen und der klinischen Literatur zur Kindheitsentwicklung als das Modell der Reziprozität benutzt. Aber ich möchte darauf hinweisen, daß dieses Bedürfnis für «emotionales Auftanken» ein lebenslanges Bedürfnis bei vielen unserer Patienten ist, weil die Kultur fortfährt, sie zu überwältigen. Einer meiner Freunde, ein Statistiker, betrachtet die Probleme der Menschen nicht psychodynamisch. Als Mathematiker sieht er die Leute als verwirrt an durch den Überfluß von Daten, die sie in der heutigen Welt ertragen müssen. Da die Daten zu überwältigend sind, wird das Individuum einfach – wie die Maschine – überladen und stillgelegt als ein Weg, zuviele Daten zu handhaben. Der Patient, der solche Mechanismen benutzt, kann als narzißtisch etikettiert werden, aber dann müssen wir unsere Kennzeichnung spezifizieren.

Wann bewegt sich die mangelnde Sensitivität vom Krankhaften zum Kulturphänomen? Eine der stärksten Aussagen unseres Jahrhunderts ist, daß «Eine kleine Nachtmusik» an den Toren des Todeslagers von Auschwitz gespielt wurde. Ist nicht jeder Psychotherapeut, wie jeder kreative Künstler, verwickelt in die Materien der Theologie und der Moral, auch wenn Freud glaubte, wir könnten in unserer Arbeit neutral bleiben? William James, der Philosoph, Psychologe und Schriftsteller, beschrieb das Dilemma unserer Welt in einem Essay mit dem Titel: «Gewohnheit». In dem Essay beschreibt James eine feine Dame, die wir als eine wohlerzogene und kultivierte Frau bezeichnen könnten, die in einer Schneenacht ein Konzert besuchte. Sie wurde von ihrem Kutscher dorthin gefahren. Sie geht in die Konzerthalle und ihr Kutscher sitzt während des Konzertes auf seinem Kutschbock. Es schneit heftig, und er sitzt fröstelnd da und zieht seinen Umhang über sich. Nach eineinhalb Stunden kommt die Dame zurück. Sie war völlig gefangen im Entzücken über die Schönheit der Musik, die in der Konzerthalle gespielt worden war, während ihr Kutscher draußen in der Kälte war, und sie war sich seiner überhaupt nicht bewußt in ihrer Begeisterung. Und dies ist es, wo die Linien in unserer Psychotherapiearbeit zweifelhaft werden, weil wir irgendwie dem Patienten vermitteln müssen, daß Lebensbegeisterung in einem Zusammenhang steht. Und der Zusammenhang in unserer Gesellschaft ist das Leiden eines Anderen.

Ich möchte die These vorbringen, daß Narzißmus das Problem beider, des Patienten und des Psychotherapeuten, ist. Zusammen in einer Erfahrung, können beide ihre Isolation von der Gesellschaft ignorieren. In einer Gruppe müssen sich alle Anwesenden die Tatsache vor Augen halten, daß absolute Werte bestehen und absolute Werte müssen letzten Endes die Oberhand gewinnen. Ich schlage keine Rückkehr zu den traditionellen Werten vor sondern eher ein Bewußtsein dafür, daß wir nach Ersatzregeln für diese traditionellen Werte suchen, weil wir sie benötigen und sie aufgegeben haben. Gewisse Werte können als höherstehend beurteilt werden als andere, aber unsere Patienten und wir als Psychotherapeuten können diese Werte nur entdecken, wenn wir uns damit einverstanden erklären, die Mythen, die unser 20. Jahrhundert aufgegeben hat, weiter zu verfolgen. Ein Mythos ist keine empirische Wahrheit, wie Thomas Mann uns erinnert hat. Unsere Patienten wie auch unsere Psychotherapiestudenten lesen die Klassiker nicht, die die Wichtigkeit der Mythen betonen. Die Information, die ihnen zuteil wird, ist unmittelbarer Natur, Television oder Filme verteilen die Information, und sogar die Musik wird gehört, um eine unmittelbare Belohnung zu ermutigen. Die Universitätsstudenten promovieren mit für ihr Studium vorgeschriebenen Vorlesungen, aber ohne Leidenschaft, Verpflichtung und Liebesfähigkeit. Studenten und Patienten werden ermutigt, Begriffe zu benutzen, ohne Darlegung des ernsten Ringens, das es mit sich bringt, die Bedeutung der Begriffe zu finden. Kurz gesagt, ich spreche von der Gemeinsamkeit von uns allen, die die Wahrheit suchen, von allen, die zu wissen wünschen.

Was ich mit Ihnen über spontanes Vergnügen geteilt habe, kann in der Welt der Kunst gefunden werden. Im Magazin «The New Yorker» vom 16. März 1987 ist ein Kurzbericht über John M. Brealy, einen Engländer von etwa 65 Jahren, der verantwortlich ist für die Restaurationsabteilung für Gemälde des Metropolitan Museum of Art in New York City. Ich möchte mehrere von Brealys Ausführungen aufführen. Er sagte: ‹Mehr Schaden als in jeder anderen Geschichtsperiode wurde an Gemälden angerichtet, nur weil so viele Leute nicht gewillt sind, über komplizierte Fragen zu entscheiden. Sie lernen alle möglichen Arten von Techniken in ihrer Ausbildung und nähern sich dann den Gemälden als Probleme, die es zu lösen gilt – wie dieses abgeblätterte Stück anzukleben ist oder dieser Fleck zu reinigen – anstatt, was sie wirklich benötigten, «sich in den Geist des Künstlers zu versetzen.» Tönt das nicht verdächtig ähnlich wie unsere Probleme in der Psychotherapie?

Weiter sagt Brealy: «Aber die heutigen Probleme widerspiegeln die neue

Haltung, die mit diesen -ismen kam – Dada usw. ... Leute, die den Ersten Weltkrieg durchgemacht haben, drehten der Vergangenheit wie der Zukunft den Rücken zu und fertigten Dinge an, die nicht dazu gedacht waren, dauerhaft zu sein. Und sobald es zu einem solchen Zusammenbruch kommt, fehlt der Druck, um an Dauerhaftigkeit zu denken. Eingebautes Altern – das läßt sich heutzutage auf alles anwenden. Zeitgenössische Gemälde sind unglaublich verletzbar, teils wegen der Umweltverschmutzung und teils weil sie unzuverlässig gemalt sind – nicht alle, aber einige. Nehmen wir die Angelegenheit, die Farbe ein unbehandeltes Baumwoll-Segeltuch durchtränken zu lassen. Farbfelder-Malerei. Ihr wichtigstes Charakteristikum ist der Farbkontrast, und das ist unwiederbringbar verloren. Das Traurige an der Sache ist, daß man in 20 Jahren zu Bilderbüchern greifen und die hellen, strahlenden Reproduktionen anschauen muß, um die Vitalität der New Yorker Schule zu verstehen. Ich meine damit, daß die Bilder nicht mal auf Leinwand sind: stellen Sie sich vor, wie ein sauberes Bettlaken aussehen würde, wenn Sie es zehn Jahre an der Wand hängen ließen. Es gibt eine ganz neue Art von Konservatoren heutzutage, die hauptsächlich Wäscher sind ... Wir haben ein sehr berühmtes Gemälde von de Kooning im Met., sehr groß, genannt «Easter Morning» (Ostermorgen), auf dem sich die Werte vollständig umgekehrt haben. De Kooning pflegte Wasser und Salatöl seiner Farbe beizufügen. Er mischte sie zusammen, um eine Art Emulsion wie Mayonnaise zu erhalten. Jetzt kommt das Öl an die Oberfläche und verursacht sehr häßliche, rostfarbene Flecken auf dem Weiß. Die primären Lichtstellen des Gemäldes – die Höhepunkte – sind nun dunkler als die sekundären Lichter. Und man kann gar nichts dagegen tun – überhaupt nichts.»

Die Probleme scheinen endlos zu sein. Jackson Pollock und andere abstrakte Expressionisten benutzten manchmal gewöhnliche Emailhausfarbe; und die Farbe hat ihren Glanz verloren und wirkt dumpf und schäbig. Frank Stella benutzte sehr oft metallische Emailfarben; und seine Gemälde sind verblaßt. Zeitgenössische Künstler scheinen zu wollen, daß ihre Arbeit dauern soll, haben aber kein Interesse daran, Arbeitsmethoden zu entwickeln, die zu Kunstwerken führen, die viele Jahre halten werden. Viele zeitgenössische Künstler sind einfach nicht an der Zukunft interessiert – sie machen Kunst für das Hier und Jetzt. Die alten Meister der Kunst waren vorsichtig mit ihren Materialien. Der Firnis, den sie gebrauchten, hergestellt aus natürlichen Harzen, schützte nicht nur die Bilder, sondern verstärkte auch die Farbe und förderte die Illusion der Tiefe in den Bildern. Das Altern des Firnisses, der sich mit der Zeit immer verfärbt, geschieht oft mit einem tiefgoldenen Glanz, der zur Schönheit der großen Kunstwerke beiträgt.

Mein Ziel hier ist es nicht, in eine Diskussion über Kunst abzuschweifen, sondern eher hervorzuheben, daß das Verhalten in der Psychotherapie ähnlich dem Verhalten in der Kunst ist. Wenn wir das Hier und Jetzt betonen und nicht vorsichtig sind mit den Materialien, die wir benutzen, fangen der Patient oder das Kunstwerk an, sich zu verschlechtern.

Harry Stack Sullivan, der Gründer der interpersonellen Schule der Psychiatrie, hatte einen Sinn für Optimismus in der Psychotherapie. In einem Interview mit Percy, dem amerikanischen Schriftsteller, zitierte er Sullivan, wie er mit den

Psychiatern in Ausbildung spricht: Sullivan sagt: «Nehmen Sie den letzten Patienten, den wir sahen. ... einen Verlierer in jeder Hinsicht ... Wenn ich ihn wäre, wäre ich auch niedergeschlagen. Richtig? – Falsch! Sie denken, alles, was wir für ihn tun können, sei, ihn dazu zu bringen, sich etwas besser zu fühlen, ihm eine oder zwei Pillen zu geben ... Hier ist das Seltsame, und ich werde nie verstehen, weshalb das so ist: Jeder Patient diesseits der Psychose und sogar einige Psychotiker – hat die Mittel zu erhalten, die er/sie benötigt, mit ein wenig Hilfe von Ihnen» (1987). Die Hilfe, die ich vorschlage, ist, daß wir – Psychotherapeut und Patient – uns einverstanden erklären, die verschiedenen Stufen der Hölle, die als Teil des Lebens existiert, zu interpretieren. Wenn wir Psychoanalytiker sind, nennen wir die Hölle die Erforschung des Unbewußten. Dabei ist die Traumanalyse wichtig; doch halte ich es für ebenso wichtig, daß die Patienten dazu ermutigt werden, die Klassiker zu lesen, damit sie wissen, sie sind nicht alleine auf ihrer Reise durch die Hölle. Da das 20. Jahrhundert ein Jahrhundert ist, das die (klassischen) Mythen zugunsten der Mythen der Naturwissenschaften aufgegeben hat, wundert es, daß die Leute zur Psychotherapie kommen, um Antworten zu finden. Unsere Studenten sind größtenteils ungebildet in bezug auf die Klassiker.

Ein gutes Beispiel für unsere Patienten ist Dantes Reise durch die Hölle in der «*Göttliche Komödie*». Im Alter von 35 Jahren fand sich Dante an einem Karfreitag in einer Sackgasse. Glücklicherweise fand Dante einen Psychotherapeuten, in diesem Fall den Dichter Virgil, der sagt: ‹Deshalb zu deinem Guten, denke ich, es ist richtig, wenn du mir folgst und ich dein Führer bin.› Dies ist die zentrale Aufgabe der Psychotherapie, daß der Psychotherapeut an der Reise des Patienten durch die Hölle teilnimmt. Meiner Ansicht nach ist dies der wichtigste Aspekt jeder Psychotherapie, und zwar derjenige, über den wir sehr wenig wissen. Ob wir es Einfühlung (Empathie) oder den Widerhall des Patienten auf den Therapeuten nennen, oder (wie Hans Strupp den dazu passenden Prozeß in seinen Forschungen beschrieben hat) es ist diese Anwesenheit, die die Psychotherapie in Bewegung bringt. Überall in Dantes Göttlicher Komödie können wir alle Aspekte der Psychotherapie finden – das Mißtrauen des Patienten, die Furcht vor der Bewegung, das Bedürfnis nach Bestätigung, positive Übertragung. Dante beschreibt seinen Therapeuten Virgil als einen Menschen, der ein «sanftes und ermutigendes Lächeln» habe. Während Dante Virgil als die Stimme der Vernunft beschreibt, meint er nicht die Technologie des logischen Positivismus. Dante spricht nicht von der Vernunft als Logik – die Logik, die sich durch die linke Hemisphäre des Gehirns bewegen soll. Nein, Dante spricht von Vernunft im breitesten Sinne, einer Vernunft, die Intuition und Entdekkung umfaßt. Beiläufig wertete einer der größten Psychoanalytiker, Theodor Reik, einer meiner Lehrer, die Intuition als das Zentrale der Psychoanalyse. Virgil verläßt Dante, als sie an die Randgebiete des weltlichen Paradieses kamen, und an diesem Punkt ist Dante bereit, in die Gemeinschaft zu treten, in der er die Liebe mit Beatrice erfahren kann. Laßt mich Euch an Dante Alighieri erinnern, den italienischen Dichter (1265–1321). Anfangs des Jahres 1302 wurden Dante und 15 andere Bürger gewisser politischer Vergehen für schuldig befunden und aus der Stadt Florenz verbannt. Sie wären getötet worden, wenn sie je wieder nach Florenz zurückgekehrt wären. Dante floh aus der Stadt, verließ seine Familie und wanderte für die nächsten 19 Jahre umher. Das war der Hintergrund dieses Mannes, der, etwas verbittert, das Gedicht ‹Die göttliche Komödie› schrieb. Er war ein Mann, der mit einer flammenden Intensität lebte. Nie verzieh er eine Verletzung oder eine Kränkung. Er starb mit 57 Jahren.

Was das Gedicht «Die göttliche Komödie» anbetrifft, beendet drei Jahre vor seinem Tod, plante es Dante mit gewissenhafter Sorgfalt. Das Gedicht ist philosophisch. Das Thema ist das der Moral. Dante schreibt seinem Gedicht drei Bedeutungen zu: die prosaische, die allegorische, die mystische. Er sagt: ... Wenn die Arbeit sinnbildlich genommen werden muß, ist ihr Subjekt der Mensch, sei es durch Verdienst oder durch Verschulden. ... Virgil, Dantes Führer durch die Hölle und das Fegefeuer, stellt Wissen, Vernunft und Weisheit dar, die uns zu den Toren des Glücks führen können. Aber nur Vertrauen und Liebe, dargestellt in Beatrice, können uns in dieses Glück hinein führen. Weshalb war Virgil der Führer? Ja, Virgil, der römische Dichter, der in der Toscana geboren war, war der liebenswerteste aller Römer. Er schrieb ausdrucksvoll über die majestätische Pracht und das Schicksal des kaiserlichen Roms. Doch war er der Dichter, der in stillem Weidland aufwuchs und nie wirklich glücklich war fern von seinen Feldern und Flüssen. In seinem klassischen Gedicht, *die Georgier*, sagt Virgil: «Glücklich der Mensch, der die Ursachen aller Dinge lernen konnte und unter seinen Fuß alle Furcht und das unerbittliche Schicksal und den Lärm einer gierigen Hölle setzte. Aber auch glücklich der, der die ländlichen Gottheiten kennt, Pan und den alten Silvanus sowie die Schwestern der Nymphe.»

Es ist interessant, daß Dante, wenn er den ersten Kreis der Hölle betritt, sich in der Vorhölle befindet, einer Situation, nicht unähnlich der vieler unserer Patienten. Die Menschen in diesem Kreis der Hölle verdienen ein besseres Schicksal und werden es nie erhalten. Im zweiten Kreis der Hölle werden die fleischlichen Sünder unablässig herumgeschleudert. Im dritten Kreis der Hölle sind diejenigen, die der Völlerei schuldig sind. Im vierten Kreis sind die Geizigen und die Verschwenderischen, die in ständigem Konflikt stehen. Der fünfte Kreis ist von denjenigen bewohnt, die durch Zorn sündigten und ständig an sich selbst zerren. Der sechste Kreis ist bewohnt von den Ketzern, in Flammen geröstet. Im siebten Kreis sind die, welche Gewaltverbrechen begangen haben, eingeschlossen Suizide, und die, welche Gewalt gegen Gott, die Natur oder die Kunst angewendet haben. Der achte Kreis ist von Wucherern bewohnt, aber es ist interessant, daß in diesem Kreis, dem achten Schlund des Kreises, er Flammen beschreibt, die die bösen Ratgeber verzehren. Der neunte Kreis der Hölle ist ein riesiger Brunnen aus Eis. In zwei Tagen haben Dante und Virgil, wie das flinke Vorbeihuschen eines Traumes, den Mittelpunkt der Erde passiert. An diesem Punkt sind sie nun im Fegefeuer. In Dantes Vorstellung vom Fegefeuer kann der Mensch sich durch Anstrengung und Leiden, durch Vision und Hoffnung von Sünde und Egoismus reinigen. Das Fegefeuer ist ein gewaltiger Kegel, den der Mensch besteigt, um zu Verständnis, Liebe und Wonne zu gelangen. Der Gipfel dieses bergigen Aufstiegs ist das irdische Paradies. Virgil fühlt sich nicht wohl mit dem Fegefeuer. Ähnlich den Psychotherapeuten erkennt er, daß dieser Teil der Reise einzig Dantes Aufgabe ist, auf die gleiche Weise, wie wir nicht die Arbeit für unsere Patienten tun können. Wenn Dante ins weltliche Paradies steigt, nimmt Virgil mit den folgenden Worten von ihm Abschied:

«Nicht weiter reiche ich mit Geschick und Kunst
Soweit habe ich dich gelenkt ... Erwarte nicht mehr
Genehmigung mit warnender Stimme oder Zeichen von mir.
Frei von deinem eigenen Entscheid zu wählen,
diskret, klug. ... Ich bekleide dich denn
mit Krone und Mitra, Herrscher über dich selbst.»

Ich will nicht weitergehen und Dantes Reise durch den Himmel beschreiben. Was mich fasziniert, ist, daß Dante ein Produkt seiner Zeit und gebunden war durch die katholische Theologie, einer Theologie, die als zentralen Kern die Theologie des Leidens hat. Warum blieb sein Gedicht eines der größten aller Zeiten? Vor allem ist es aufrichtig. Es gibt keine Vortäuschung oder Unehrlichkeit. Die mächtigsten Männer der mittelalterlichen Ära, sogar der Papst, werden angegriffen. Aber durch das Ganze hindurch herrscht Optimismus, weil es die Sage eines Mannes ist, der durch die Hölle ging und zurückkehrte, ein Bild, das wir uns und unseren Patienten zeigen wollen.

Mir scheint, daß Virgil Dante nichts versprochen hat, wie wir unseren Patienten keine Heilung versprechen können. Unsere Aufgabe ist es, die Patienten darauf vorzubereiten, der menschlichen Lebensgemeinschaft zu folgen. Unsere Patienten sind zum größten Teil Opfer des Lebens, und ihre Aufgabe ist es zu entscheiden, ob sie Opfer bleiben wollen oder nicht. Unsere Patienten leben in einer Gesellschaft, zumindest in der westlichen Welt, in der das Motto der Wall Street, der Bastion des amerikanischen Kapitalismus, lautet, wie es ein junger Börsenmakler in einem Interview ausdrückte: «Mein Nettowert ist gleich meinem Selbstwert.» Während es wahr sein mag, daß Freud in einer Kultur gelebt hat, die auf die Philosophie des jungen Börsenmaklers ausgerichtet gewesen sein mag, scheint keiner seiner Patienten so offen seine Vision des Selbstwertes geäußert zu haben.

Erlauben Sie mir, sehr kurz etwas über Narzißmus zu sagen.

Unser Hauptthema heute dreht sich um Narzißmus. Die Psychoanalyse gebrauchte zwei größere Themen der griechischen Mythologie, um die Aggression erklären zu helfen. In beiden Mythen ist die Aggression des Kindes erklärt, aber das Verhalten der Eltern wird nicht beachtet. In der Geschichte von Ödipus, durch die der Ödipus-Komplex erklärt wird, tötete Ödipus seinen Vater und hatte sexuellen Verkehr mit seiner Mutter. Freud erklärte es sehr klar, als er sagte, daß die Schuld Ödipus' «nicht gemildert wurde dadurch, daß er sie ohne sein Wissen auf sich lud und sogar gegen seine Absicht.» (1913, 1955) Aus irgendeinem Grund ignorierte Freud die Tatsache, daß die Eltern Ödipus' ihren Sohn zum Sterben ausgesetzt haben, angeblich um die Vorhersagung des Orakels Teiresias zu umgehen, der sagte, daß Ödipus eines Tages seinen Vater töten werde.

Im Mythos von Narziß, dem schönen Jüngling, ist er beschrieben als sich selbst liebend bis zu einem Grad, der als pathologisch bezeichnet wird, und er verging vor Gram, als er sein Spiegelbild in einem Teich ansah. Wieder wurde der Mythos selektiv gebraucht. Freud borgte den Ausdruck Narzißmus von Havelock Ellis, der den Mythos benutzte, um einen Fall von spezieller Perversion zu beschreiben. Wenn der Mythos des Narzißmus sorgfältig studiert wird, muß bemerkt werden, daß Narziß' Mutter von seinem Vater vergewaltigt worden ist. Sie schien sehr besorgt um die Zukunft des Narziß gewesen zu sein, und da liegt jeder Grund zu glauben, daß sie einen großen unbewußten Haß gegenüber ihrem Kind hatte, dem Produkt der Vergewaltigung. Ich werde später darauf zurückkehren, aber nochmals möchte ich daran erinnern, daß wenig Aufmerksamkeit der tiefsitzenden Wut geschenkt wurde, die im Narzißmus existiert, welche in ihrer pathologischsten Form der schizophrenen Reaktion entspricht. Unser derzeitiges Interesse an der Behandlung von narzißtischen oder Borderline-Patienten reflektiert die Haltungen der modernen Psychoanalyse, in der mehr Anstrengungen unternommen werden zur Förderung des Wachstums und der Unabhängigkeit im Individuum. Frühere analytische Techniken waren in höchstem Maße beeinflußt von Freuds negativen Haltungen gegenüber Behandlungen dieser sehr widerstrebenden Patienten. Es war am 1. Internationalen Psychoanalytischen Kongreß, abgehalten 1908, daß Karl Abraham, ein Psychiater und früheres Mitglied von Bleulers Team am Burghölzli, eine der ersten Formulierungen der psychoanalytischen Theorie der Schizophrenie präsentierte. Sein Vortrag wurde nach ausgedehnten Diskussionen mit Freud vorgestellt. Durch die Geschichte der psychodynamischen Interventionen mußten die Studenten des Narzißmus zu den Anschauungen von Abraham zurückkehren. Abraham wies darauf hin, daß der gemeinsame Faktor aller Formen der Schizophrenie «die Zerstörung der Fähigkeit zur sexuellen Übertragung, d.h. zur Objektliebe ist. (1908, S. 69) Diese Menschen hatten nie eine besondere Fähigkeit, ihre Libido in die äußere Welt zu übertragen.» (1908, S. 71). Die ersten Arbeiter auf dem Feld der Psychotherapie beklagten sich über diese Patienten. Angefeuert durch ihren missionarischen Eifer waren die Therapeuten frustriert. In der Tat sagte es Paul Federn klar, als er schrieb: «Psychotiker sind eine Plage für die Psychoanalyse» (1952, S. 136). Viele heutige Therapeuten von narzißtischen Störungen schenken den ersten Autoren in diesem Feld nicht genug Beachtung. Jung drückte die Ansicht aus, daß Gefühle in diesen Patienten nicht so sehr ausgelöscht als «vielmehr transponiert und blockiert seien» (1936, S. 66). Es war Abraham, der bemerkte, daß die Feindseligkeit der Patienten, die an einer psychotischen Depression litten, ihre Liebeskapazität vermindert, da diese Menschen so feindselig gegen die Welt seien. Er sagte, «die Haltung von Haß lähmt die Fähigkeit des Patienten, zu lieben» (1908, S. 143). Da Freud postulierte, daß die Libido, wenn sie von den Objekten zurückgezogen wird, sie «zurückgenommen in das Ich» wird (1917, S. 416).

Narzißmus scheint mir ein passender Ausdruck zu sein, um ihn für die Umkehrung der Libido anzuwenden, ein Rückschritt, der bis zurück zur Zeit des primären Narzißmus zwischen dem Stadium der Bildung des Körper-Ich und den Stufen der Heranformung der Objektrepräsentanzen verfolgt werden kann. Die Pionier-Psychoanalytiker, entmutigt durch die Mißerfolge mit narzißtischen Patienten, hatten eine Neigung, sie in fast poetischen Ausdrücken zu beschreiben, und diese Menschen wurden mit Kindern, Träumern und Primitiven verglichen. Es war einer meiner Lehrer, Theodor Reik, der 1927 bemerkte, daß Patienten in einem Zustand der Depersonalisation ihren Wunsch, jemanden anderes zu töten, handhabten, indem sie «sich selbst auslöschten.» Man eliminiert deshalb sein eigenes Ich. Es war Melanie Klein, die den Rückzug von den Objekten als «die exzessive und prämature Verteidigung gegen den Sadismus» ansah (1930, S. 39). Man mag sich indes daran erinnern, daß in den Mittwochabendtreffen, die in Freuds Wohnung abgehalten wurden, vor der Gründung der Wiener Psychoanalytischen Gesellschaft, Freud den Haß in Beziehung zu erotischen Neigungen brachte, und Alfred Adler wiederholt auf den Aggressionstrieb in den Individuen hinwies, die Freud vorzog, Libido zu nennen.

Es war Margaret Mahler (1981), die bemerkte, daß Aggression sich im Dienste des Wachstumprozesses im Uterus manifestierte, und daß alles getan werde, um die physiologische Homöostase aufrechtzuerhalten.

Kohut, stark beeinflußt durch kulturelle Strömungen, identifiziert narzißtische Wut als eine Manifestation von Aggression, die an die Oberfläche komme, wenn das Selbst oder das Objekt nicht gemäß den Erwartungen an deren Funktion lebten (1972).

Kernberg, der während vieler Jahre versuchte, Melanie Kleins und Anna Freuds Ansichten der Ich-Entwicklung einander näher zu bringen, vergleicht narzißtische Wut mit «primitiven, internalisierten Beziehungen der unbewußten Vergangenheit» (1982, S. 517).

Im zeitgenössischen Denken über narzißtische und Borderline-Störungen werden diese unterschieden von Schizophrenie und Depression. Kernberg hält dafür, daß in den Borderline-Patienten eine genügende Unterscheidung stattgefunden habe zwischen Selbst- und Objektbildern, so daß durch die Betroffenen integrierte Grenzen gezogen werden könnten. Er stellt diese Tatsache gegenüber der «pathologischen Fusion zwischen Selbst- und Objektbildern», die in psychotischen Patienten existierten (1975, S. 162).

Der narzißtische Patient benutzt Mechanismen, um sich gegen übermäßige Frustration und Wut zu wehren. Der Borderline-Patient wird bis zu einem gewissen Grad die Erforschung der primitiven Abwehr tolerieren, während gemäß Kernberg der psychotische Patient sich in eine «bestehende psychotische Symptomatik» zurückzieht (1975, S. 171–172). Es fehlt, meiner Meinung nach, in all dieser (Kernbergs) Ansicht des Patienten Glaube, daß der Therapeut da sein wird, wenn der Patient explodiert. Es ist das Problem unserer Kultur, daß Leute selten unterscheiden zwischen gesunder Aggression und neurotischer Wut.

Die jetzigen Argumente in der Behandlung der narzißtischen Störungen sind nicht unähnlich den Argumenten, die seit vielen Jahren bestehen. Die Therapeuten, die die Ich-Schwäche als das zentrale Problem anschauen, favorisieren einen separativen Zugang in der Psychotherapie. Das Ziel ist, die innere Objektrepräsentanz wieder herzustellen. Diejenigen, die an ein Konflikt-Abwehr-Modell glauben, betrachten eine stützende Behandlung als letzten Endes schädlich, da sie gegen das Ich-Wachstum und die Lösung der psychologischen Probleme arbeite. Meiner Meinung nach ist eine stützende Therapie eine vom

Therapeuten gewählte Behandlungsart, mit der er bequem leben kann, ohne mit der mörderischen Wut des Patienten konfrontiert zu sein.

Ob die Fähigkeit, Frustrationen auszuhalten, in der Genetik, der Konstitution oder in anderen Quellen wurzelt, ist der narzißtische Patient stets sehr zornig. Hier liegt das Dilemma des Therapeuten. Wie behandelt man zornige Leute in einer zornigen Welt?

Warum sollte der Patient dem Therapeuten vertrauen? Was unterscheidet den Therapeuten überhaupt von der zornigen Welt draußen? Oder, um einen Überlebenden des Warschauer Ghettos zu zitieren, als ich ihn fragte, weshalb er nicht aus dem Ghetto geflohen sei. Seine Antwort war: Fliehen wohin? Wen hat es gekümmert? Wer scherte sich darum?

Sie mögen fragen, warum ich über Dante sprach und Dichtung zitierte. Ja der Punkt ist, daß Dante Virgil vertraute. Er glaubte an ihn. Er fühlte, daß dieser vernünftige Führer ihn durch die Hölle ins Paradies führen wird. Aber unsere Patienten vertrauen uns nicht. Sie kommen in Verzweiflung zu uns. Oft verfangen wir uns in ihrer Verzweiflung und versprechen ihnen das Paradies als letztes Ende. Aber wir können ihnen das Paradies nicht versprechen, noch viel weniger die Heilung. Freud lebte in einer geordneteren Welt. Er wurde entmutigt nach dem 1. Weltkrieg, als er mit der enormen Brutalität des Schützengrabenkrieges konfrontiert wurde. Dieser Umstand, gekoppelt mit Tod und Krankheit in seiner unmittelbaren Familie, zwang ihn, dem ins Angesicht zu sehen, wofür er in der Entwicklung der Menschheit hoffen konnte. Die narzißtischen Patienten, fixiert auf der Stufe der Bedürfnisbefriedigung, werden oft als Menschen beschrieben, die in ihrer Entwicklung versagt haben. Daher betont Kohut (1971) das Wieder-Erleben in der therapeutischen Beziehung, um den Entwicklungsschaden zu reparieren.

Ob der wachstumproduzierende Therapeut mit dem Konstrukt der Übertragung arbeitet, mag diskutiert werden. Offensichtlich ist das Material des Primärvorgangs nicht herauszuholen, da genug an der Oberfläche ist. So nimmt der Analytiker eine aktivere Rolle ein, als mit dem Patienten im Unzusammenhängenden des Primärvorganges zu wandern. Während es viele Beschreibungen des Patienten gab, der sich im Verlaufe der Therapie vom Therapeuten differenzierte, möchte ich sagen, daß das, was geschieht, ist, daß der Patient dem Therapeuten als einem Wegleiter zu vertrauen beginnt. Aber ungleich Virgil's Beziehung mit Dante, läßt der Therapeut *nur* den Patienten wissen, daß es eine böse Welt ist, aber daß es möglich ist, in einer solchen Welt zu leben. So wird das Wort ‹nur› ein sehr wichtiges Wort.

Zeitgenössische psychoanalytische Theorie betont mehr denn je die Wichtigkeit der Übertragung. Der Patient erinnert sich selten daran, wie er in seiner Kindheit handelte, aber er agiert das früher Erlebte in seinen Reaktionen auf den Therapeuten (Freud 1912–1914).

Der neurotische Patient folgt dem Analytiker in der Beobachtung der Reaktionen und oft Überreaktionen des Patienten gegenüber dem Therapeuten. Wenn der Patient die Analyse verläßt, hat seine Neurose die Fähigkeit verloren, in so tiefer Weise zu verletzen wie zu Beginn der Psychotherapie. Im Wesentlichen ist der Patient fähig, in seiner inneren Welt zu leben, die absurd ist. Aber unsere narzißtischen Patienten bleiben unfähig, mit der Absurdität des Planeten Erde umzugehen. Die Patienten, die früh in ihrem Leben das Weinen aufgegeben haben, weil niemand antwortete oder sich wirklich um sie kümmerte, sind dieselben Patienten, die nicht nach uns rufen werden. Warum sollten sie?

Die neuen Fortschritte in der Ich-Psychologie führen zu neuen Techniken in der Therapie der Borderline-Zustände, Fällen, die Freud als «narzißtische Neurosen» beschrieb und als nicht behandlungsfähig betrachtete. In der damaligen Zeit – es ist fair zu sagen, daß in der psychoanalytischen Behandlung von Neurosen das Ziel die Lösung von ödipalen Konflikten war. Das Ziel in der Behandlung von Borderline und narzißtischen Patienten ist es indes, die Krise von Trennung und Individuation mit dem Patienten zu überwinden, damit er seine Identität und eine Objektkonstanz erwerbe.

Bis zum Aufkommen der Ich-Psychologie, bevor Ernst Kris (1956) seine wichtigen Beiträge schrieb, wartete der Psychoanalytiker schweigend, bis der Patient seine Angaben präsentierte. Wir wissen jetzt, daß dies die Abhängigkeit des Patienten vom Analytiker verstärkte, der als allwissend angesehen wurde. Unsere heutige Haltung ist es, frühe und aktive Interventionen zu befürworten, um mit dem anfänglichen Widerstand umzugehen und eine therapeutische Allianz herzustellen. Ich möchte darauf hinweisen, daß diese frühe Intervention dazu dient, den Patienten zu ermutigen, dem Therapeuten als einem Wegleiter zu vertrauen. Hartmann (1958) präsentierte mit seinem Beitrag zum Ursprung und zur Entwicklung des Ich und den Problemen der Anpassung eine Theorie, nach der andere Kliniker und Theoretiker weiterfuhren, sich zu entwickeln. Aber da die Arbeit von Kulturpsychoanalytikern bei ihm keine Resonanz fand, obschon er eine generalisierte Theorie der Realitätsbeziehungen aufstellte, scheint er den größten Teil des enormen Einflusses des kulturellen Rahmens ignoriert zu haben. Das Chaos unserer heutigen Gesellschaft verlangt, daß der Therapeut seine Lebensphilosophie oder Vision, worum es im Leben geht, sehr klar ausdrückt. Alfred Adler hat dies viele Jahre früher gesagt, mit seinem Satz: «Was dir das Leben bedeuten soll». Natürlich lag die Betonung auf der erzieherischen Aktivität des Analytikers.

Vor 40 Jahren schrieb ich eine Arbeit mit dem Titel «Eine Philosophie für Gruppenpsychotherapie». Ich war ein junger Fachmann, und es war sehr wichtig für mich, die Anerkennung der älteren Fachleute zu gewinnen, die ich respektierte. Die Arbeit wurde schwer kritisiert durch Samuel Slavson, der zu jener Zeit der Herausgeber des International Journal of Group Psychotherapy war. Er bezeichnete meine Arbeit als zu philosophisch und nicht klinisch genug.

Eine Gruppe von uns pflegte sich wöchentlich in einem zwanglosen Workshop zu treffen, wo wir Erfahrungen aus unserer klinischen Praxis verglichen. Einige dieser Workshop-Teilnehmer sind nun tot. Die Namen einiger unter ihnen würden vielen von Ihnen bekannt sein, da sie wohl den Weg bahnten mit ihrer Arbeit. Meine Kollegen waren ebenfalls höchst aufgebracht durch die kontemplative Art meiner Arbeit. Einer von ihnen sagte zu mir: «Es klingt, als ob ein Rabbi oder ein Pfarrer redet.» Zurückblickend amüsiert es mich. Rabbi ist das hebräische Wort für Erzieher, und ein Pfarrer soll den Leuten dienen, also was ist falsch an dieser Bezeichnung? Aber ich legte die ganze, etwas lange geratene Arbeit weg. Ich erinnere mich nicht einmal, ob ich sie noch habe, obwohl ich während einiger Jahre immer wieder auf sie zurückkam, mich fragend: ‹Was ist falsch daran?› Vielleicht war ich nicht beherzt genug, um ein anderes Medium zu suchen, um meine Ansichten auszudrücken. Aber wie viele von uns, war ich zu sehr darauf bedacht, ein Mitglied des «Clubs» der akzeptierten Fachleute der Psychiatrie zu sein. Aber die Jahre gingen vorbei, und ich weiß, daß ich die Publikation der Arbeit hätte vorantreiben sollen. Ja, in den USA ist der Satz bekannt: «solltest, wolltest, könntest du.» Tatsache ist, ich habe die Arbeit nicht veröffentlicht.

Heute leben wir alle in einer Kultur, die mehr von uns als Psychotherapeuten verlangt. Wir haben nicht den Luxus, in der Berggasse 19 zu sitzen. Die Kräfte der Verderblichkeit sind überall um uns herum. Der Sadismus der Vernichtung von Millionen durch die Nazis kann nicht unbeachtet bleiben. Massentötungen in Afrika, Asien und im Nahen Osten können wir nicht ignorieren. Unsere Lösung ist nicht, die Patienten dazu zu ermutigen, soziale Aktivisten zu sein. Viele sind bedrückt genug über die Welt, und geben den Versuch auf, die Gesellschaft zu ändern. Sie wurden mißtrauisch. Viele der sog. neuen Zugänge zur Behandlung von Patienten, vor allem die Behandlung von narzißtischen Störungen, sind Aussagen von Psychotherapeuten, die aktiver, beteiligter sind und mehr von sich selbst mit den Patienten teilen. Das bedeutet *nicht*, daß der Patient als Therapeut zu benutzen ist, sondern, daß der Patient der erzieherischen Aktivität des Therapeuten ausgesetzt sein soll, und dann wird der Therapeut zum Modell der Lebensmöglichkeiten. Mir scheint, daß Adler, Sullivan, Kohut, Kernberg und Klein wirklich in diese Richtung gehen; der Therapeut als eine wirkliche Person. Der Ich-Psychologe, der einem Freudschen Modell folgt – Erikson, Hartmann, Loewenstein und andere – betont eine Realitätsorientierung. Erikson unterstrich in seiner psychosozialen Theorie der Entwicklung und seinem Konzept der Gegenseitigkeit den Therapeuten als Objekt. Es ist interessant darüber nachzudenken, daß Eriksons früheres Leben das eines Künstlers war; und Ernst Kris war ein Kunsthistoriker, so daß sie ursprünglich nicht von einer klinischen Richtung mit der Betonung auf der Pathologie kamen.

Das Dilemma des Psychotherapeuten in der Arbeit mit dem narzißtischen Patienten ist es, wie er sich durch das grundlegende Mißtrauen, das aus der frühesten oralen Stufe (wie die Freudianer sagen würden) stammt, durcharbeiten soll und ein Medium bleiben kann, zu dem der Patient Vertrauen zu entwikkeln vermag, in einer Gesellschaft, die mehr und mehr am Abgrund der Selbstzerstörung zu sein scheint. Der klassisch ausgebildete Psychoanalytiker vermeidet das Problem, mit dem akut gestörten narzißtischen Patienten zu tun zu haben, indem er seine Praktiken auf den neurotischen Teil des Patienten beschränkt. Jene von uns, die mit einer Vielfalt von Patienten arbeiten, eingeschlossen Charakterstörungen und Psychotiker, dürften über uns selbst und unsere eigenen missionarischen Bedürfnisse oder über die Welt, in der wir leben, und unsere Verantwortungen gegenüber dieser Welt, eine Aussage machen.

Harry Stack Sullivan und Frieda Fromm-Reichmann betrachteten Schizophrenie als einen menschlichen Prozeß, der verstanden und an dem teilgenommen wird, und der hoffentlich geheilt wird. Diese Therapeuten, die an eine Regression glauben, die über die ödipale und prägenitale Stufe hinausgeht, wie Guntrip (1973), stellen die Behauptung über des Patienten Fähigkeit auf, hoffnungsvoll zu sein und wiedergeboren zu werden.

Jene von uns, die es wählen, mit den schwerer gestörten Individuen zu arbeiten, werden mehr dem Risiko ausgesetzt sein und werden mehr von uns selbst enthüllen müssen, beiden gegenüber, sowie den Patienten, mit denen wir arbeiten, als auch schließlich unserer ständigen Selbstprüfung gegenüber. Vor Jahren bemerkte Carl Whitaker mir gegenüber, daß junge Therapeuten Patienten in Behandlung nähmen, und sobald sie durch ihre Patienten geheilt seien, fingen sie an, sie durch verschiedene Taktiken zu meiden. Zuerst erhöhen sie ihre Honorare und schränken so die Anzahl der Patienten ein. Falls dies nicht wirkt, werden sie Kontrollanalytiker, so daß sie mehr Studenten als Patienten sehen können. Sie sind in diesem Punkt sehr naiv, da sie nicht verstehen, daß viele Studenten Patienten sind. Schließlich, in ihrer Verzweiflung, werden sie Professoren der Psychiatrie oder Verwalter und Lehrer, so daß sie nie mehr Patienten sehen müssen, da ihre Patienten sie bereits geheilt haben.

Ich ziehe es vor, weniger zynisch als Carl Whitaker zu sein. Wir müssen uns mehr und mehr mit Patienten abgeben, die ‹Hohlmänner und Hohlfrauen› sind. Viele unserer Patienten haben sich aus dem Leben zurückgezogen, wurden apathisch oder vollständig abhängig, suchten Zuflucht in Drogen, um mit einer anderen Welt fertig zu werden.

Es ist eine wunderschöne Welt da draußen. Trotz den Kräften, die alles, was schön ist, zerstören, glauben jene von uns, die sich ihnen widmen, an die Menschen.

Literatur

Abraham, K.: The Psychosexual Differences between Hysteria and Dementia praecox (Die psychosexuellen Unterschiede zwischen Hysterie und Dementia praecox), 1908. In Selected Papers of Karl Abraham, M. D., Basic Books, New York 1953.

Dante Alighieri: The Divine Comedy (Die göttliche Komödie). Penguin Classics, Vol. *1* & *2*, Penguin, New York 1980.

Federn, P.: Ego Psychology and the Psychoses (Ich-Psychologie und die Psychosen). Basic Books, New York 1952.

Freud, S.: The Dynamics of Transference (Zur Dynamik der Übertragung), 1912. Standard Ausgabe der kompletten psychologischen Werke Sigmund Freuds, Vol. *12,* Hogarth Press, London 1955.

Freud, S.: Totem and Taboo (Totem und Tabu), 1913. Standard Ausgabe, Vol. *13,* Hogarth Press, London 1955.

Freud, S.: Remembering, Repeating and Working through (Erinnern, Wiederholen und Durcharbeiten), 1914. Standard Ausgabe, Vol. *14,* Hogarth Press, London 1955.

Freud, S.: Introductory Lectures on Psychoanalysis (Einführungsvorlesungen über Psychoanalyse), 1917. Standard Ausgabe, Vol. *3,* Hogarth Press, London 1955.

Guntrip, H.: Psychoanalytic Theory, Therapy and the Self (Psychoanalytische Theorie, Therapie und das Selbst). Basic Books, New York 1973.

Hartmann, H.: Ego Psychology and the Problem of Adaptation (Ich-Psychologie und das Problem der Adaption). Basic Books, New York 1973.

James, W.: Habit – Principles of Psychology (authorized edition) (Gewohnheit – Prinzipien der Psychologie) (autorisierte Ausgabe), Kapitel 4. Dover, New York 1980.

Jones, M.: An Interview with Walter Percy (Ein Interview mit Walter Percy). New York Times Magazine Section, *22,* März 1987, S. 44.

Jung, C. G.: The Psychology of Dementia praecox (Die Psychologie der Dementia praecox). Nervous and Mental Disease Publishing Company, New York 1936.

Kernberg, O.: An Ego Psychology and Object Relations Approach to the Narcissistic Personality (Eine Annäherung der Ich-Psychologie und der Objekt-Beziehung an die narzißtische Persönlichkeit). In: L. Grinspoon (Ed.), Psychiatry 1982, the American Psychiatric Association Annual Review. American Psychiatric Press, Washington 1982.

Kernberg, O.: Borderline Conditions and Pathological Narcissism (Borderline-Zustände und pathologischer Narzißmus). Jason Aronson, New York 1975.

Klein, M.: The Importance of Symbol Formation in the Development of the Ego (Die Wichtigkeit der Symbolformation in der Ich-Entwicklung). Int. Jl. of Psychoanalysis, *11,* 1930, 24–39.

Kohut, H.: The Analysis of the Self (Die Analyse des Selbst). International University Press, New York 1971.

Kohut, H.: Thoughts on Narcissism and Narcissistic Rage (Gedanken über den Narzißmus und die narzißtische Wut). Psychoanalytic Study of the Child, *27,* 1972, 360–400.

Kris, E.: On some Vicissitudes of Insight in Psychoanalysis (Über einige Wechsel der Einsicht in der Psychoanalyse). Int. Jl. of Psychoanalysis, *37,* 1956, 445–455.

Mahler, M. S.; Pine, F.; Bergman, A.: The Psychological Birth of the Human Infant (Die psychologische Geburt des Menschenkindes). Basic Books, New York 1975.

Die Funktionen des analytischen Gruppenpsychotherapeuten: Einige kritische Bemerkungen

Pierre-Bernard Schneider

Mein Bericht enthält fünf Kapitel von unterschiedlicher Wichtigkeit, wobei sich jedes auf seine Art und von verschiedenen Gesichtspunkten aus mit den psychoanalytischen Funktionen des analytischen Gruppenpsychotherapeuten befaßt, und zwar:

I. Die Schwierigkeiten, denen der Gruppenpsychotherapeut bei der Ausübung der Funktionen des Psychoanalytikers begegnet
II. Einige Aspekte der psychoanalytischen Funktionen des Gruppenpsychotherapeuten
III. Ein oder zwei Psychoanalytiker? Monotherapie oder Kotherapie?
IV. Weitere therapeutische Funktionen
V. Konsequenzen für die Ausbildung des analytischen Gruppenpsychotherapeuten

I. *Die Schwierigkeiten, denen der Gruppenpsychotherapeut bei der Ausübung der Funktionen des Psychoanalytikers begegnet*

Mit anderen Worten, gibt es wirklich eine *analytische* Gruppenpsychotherapie? Oder noch anders: kann der Psychoanalytiker seine Tätigkeit als *Analytiker* in einer Therapiegruppe ausüben, oder handelt er nicht immer als einfacher Psychotherapeut? Obwohl die analytische Gruppenpsychotherapie vor gut 50 Jahren das Licht der Welt erblickte, wurde diese Frage, die nicht neu ist, in den letzten Jahren wieder aufgenommen, und zwar unter einer etwas anderen Form, als dies in der Vergangenheit der Fall war. In den Sechzigerjahren haben die amerikanischen Gruppenpsychotherapeuten ausführlich über das Problem debattiert, ob der Psychoanalytiker die Gruppe als solche behandle, die *Psychoanalyse der Gruppe*, oder ob er nicht eine individuelle therapeutische Handlung gegenüber jedem Patienten einzeln ausübe, die Psychoanalyse *in der Gruppe*. Diese Polemik drehte sich in Wirklichkeit um die Frage, ob es möglich sei, innerhalb einer Gruppe eine typisch psychoanalytische Handlung auszuüben. In den letzten Jahren haben sich einige Autoren – und ich zitiere davon Kaes R., Chapelier J. B. et al. und Graham F. W. – von neuem mit dieser, in meinen Augen essentiellen Problematik befaßt.

Versuchen wir doch, dieses Problem etwas zu beleuchten. Die Psychoanalyse in ihren therapeutischen Aspekten, die als erste studiert wurden und die ich als einzige ins Auge fassen werde, ist im wesentlichen eine Therapie zu zweit: Analysierter – Analytiker oder Patient – Therapeut, durch Erforschung des bewußten, aber vor allem des unbewußten psychischen Lebens des Patienten dank Einsetzen der Übertragung, und in der Spiegelung dank Verständnis der Gegenübertragung. Die Funktionen der beiden letzteren im Rahmen der Behandlung sind klar festgesetzt und ergänzen sich in gewisser Weise. Sie haben sich kaum verändert, seit Freud und nach ihm andere sie schon vor geraumer Zeit beschrieben und erklärt haben. Es seien nur die freien Assoziationen, die frei-flottierende Aufmerksamkeit und die affektive und ideologische Neutralität des Analytikers und anderes mehr bezüglich des interpretativen Prozesses erwähnt, welche den psychoanalytischen Rahmen (setting) schaffen, wenn die anderen Voraussetzungen, wie Ort, Zeit und Honorare ihn ergänzen. Dies ist der ideale Rahmen für die Erforschung der unbewußten Konflikte und zur Aufdeckung der Vorgänge im psychischen System. Was passiert, wenn sich der Psychoanalytiker unter den Teilnehmern einer Gruppe befindet? Wie verhalten sich die wesentlichen Gegebenheiten des Rahmens der analytischen Behandlung? Einige allgemeine Überlegungen werden erlauben, diese Problematik zu klären, mit der man sich erst seit sehr kurzer Zeit wirklich befaßt, so wie wenn man sie früher zu verstecken gewünscht hätte.

Erste Feststellung: der Ausschluß durch die «offiziellen» analytischen Institutionen der analytischen Gruppenpraktiken sowohl in didaktischer als auch in therapeutischer Hinsicht. Dabei bestehen Ausnahmen, und ich bin umso mehr in der Lage, sie zu nennen, als ich Mitglied der Institution bin und die beiden Beiträge, die ich eingereicht habe um außerordentliches, respektive dann ordentliches Mitglied der Internationalen Gesellschaft für Psychoanalyse zu werden, die Probleme der analytischen Gruppenpsychotherapie behandelten. Jedoch sind diejenigen Psychoanalytiker – nennen wir sie die «Orthodoxen» – selten, die diese Form der Therapie praktizieren, und noch seltener sind die psychoanalytischen Gesellschaften und Institutionen, welche diese Tätigkeit fördern, sie ihren Mitgliedern empfehlen, und die den Unterricht und die Ausbildung in dieser Richtung organisieren, indem sie oft zweifelhafte Gründe dagegen geltend machen und negative, ungerechtfertigte Urteile darüber aussprechen.

Andererseits sind eine große Anzahl derer, die sich «Gruppenpsychoanalytiker» nennen nicht Mitglied der psychoanalytischen Institution. Es sind oft Therapeuten aus Grenzgebieten oder sogar Personen, die sich «Psychoanalytiker» nennen, ohne es überhaupt zu sein. Es besteht also innerhalb und um die analytische Institution ein Unbehagen in bezug auf die Gruppe, ein Unbehagen, das nicht erst seit heute besteht. Man kann es auf die Ambivalenz und Zweideutigkeit zurückführen, die Freud der Gruppe gegenüber hatte, auch wenn er der Autor von «Massenpsychologie und Ich-Analyse» ist und er oft den Menschen als soziales Wesen beschrieben hat, und wenn sogar die Psychoanalyse die menschlichen Interaktionen nie vernachlässigt hat. Jedoch hat Freud in der Verteidigung der Originalität seiner Entdeckungen oft darauf bestanden, und das zurecht, daß es notwendig ist, die therapeutische Interaktion der Kur zwischen den beiden Protagonisten, Patient und Psychoanalytiker, aufrecht zu erhalten. In dieser Situation, so bestätigt er, könne der Analytiker am besten die unbewußten Vorgänge des psychischen Systems durch Übertragung und Gegenübertragung erforschen. So kann die therapeutische Gruppenarbeit von der psychoanalytischen Institution und von deren Mitglieder wie ein Verstoß gegen die Anordnungen und vor allem die Wünsche des Vaters erlebt werden. Dieses unbewußte Verbot hat sehr wahrscheinlich schon einige Psychoanalytiker davon abgehalten, Gruppenpsychotherapie zu praktizieren, auch wenn sie sich davon angezogen fühlten.

Aber es bestehen auch andere als nur institutionelle Schwierigkeiten im Zusammenhang mit der Verbundenheit der Analytiker mit dem Begründer der Theorie, und zwar wie sich Kaes ausdrückt «der Platz des Psychoanalytikers und das Psychoanalytische in der Gruppe.» Sie sind gleichzeitig klinischer und theoretischer Natur und wurden vom eben erwähnten Autor, auf den ich mich beziehe, gut dargestellt. Für den Psychoanalytiker besteht eine narzißtische Schwierigkeit als solcher, in der Gruppe zu wirken. Diese Schwierigkeit kann in den Zusammenhang gestellt werden mit der Entdeckung des unbewußten Lebens und vor allem mit der Tatsache, daß der Mensch nicht Herr über dieses Unbewußte ist und also sein Innenleben nicht beherrscht. Es wird dabei Bezug genommen auf die dritte Verletzung, die dem menschlichen Narzißmus zugefügt wurde, wobei die erste die kosmologische Kränkung darstellt (Kopernikus: die Erde ist nicht das Zentrum des Universums), die zweite die biologische Kränkung (Darwin: der Mensch ist nicht das bevorzugte, ausschließliche Endergebnis des Tierreichs). Freud hat gezeigt, daß das bewußte Ich, auf das der Mensch so stolz ist, in Wirklichkeit nicht der absolute Herrscher über sein psychologisches Universum ist. Das ist die psychologische Kränkung.

Nun bestätigt und unterstreicht die Gruppe diese dritte narzißtische Kränkung. Nicht nur ist das bewußte Ich, das vorgibt einheitlich und autonom zu sein, zu einem großen Teil abhängig vom Unbewußten, besonders von den sexuellen Trieben (in diesem Zusammenhang sei der psychologische Wirbel um AIDS erwähnt), der Mensch ist ursprünglich auch von der Bindung zum anderen und vor allem von der unbewußten Bindung zum anderen abhängig. Aus diesem Grunde entsteht in der Gruppe ein doppeltes Netz unbewußter Interaktionen. Einerseits entsteht bei jedem Gruppenteilnehmer, einschließlich Psychoanalytiker, ein gruppeninternes Netz bestehend aus den Repräsentanzen und Bildern, die sich der einzelne vom Innenleben der andern macht, andererseits besteht ein äußeres Netz zwischen den Gruppenmitgliedern, dem jeder einzelne unterworfen ist durch das, was in seinem eigenen Unbewußten an unbewußtem Inhalt aus dem Unbewußten des anderen gegenwärtig ist. Der durch Foulkes geprägte Begriff «Matrix» zeigt zum Teil die psychodynamischen inneren und äußeren Mechanismen auf. Jeder einzelne in der Gruppe muß dieser Situation entgegentreten, und seine Herrschaft wird von innen wie von außen bedroht, wenn man mit «außen» das bezeichnet, was ins Unbewußte eines Subjekts aus dem Unbewußten eines anderen eintritt. Die psychologische Gruppenkränkung des Narzißmus wird so betont.

Die psychoanalytische Arbeit in der Gruppe stößt somit auf eine zusätzliche Schwierigkeit, die in der klassischen Psychoanalyse zu zweit größtenteils ausgeschlossen wird, da die psychoanalytischen Voraussetzungen dazu neigen, sie gruppenunfreundlich und asozial zu machen. Nun ist aber die Analyse in der

Gruppe möglich, doch liegt sie auf einem viel archaischeren und regressiveren Niveau als die Einzeltherapie. Der Psychotherapeut muß diesem Umstand Rechnung tragen. Wenn die individuelle Psychoanalyse das Subjekt immer mit seinem inneren Gespaltensein konfrontiert, es notwendigerweise mit Trennung und Verlust in Berührung bringt und es wieder in einem einsamen Treffen mit Sexualität und Tod zur Ödipustriangulation zurückführt und es so zwingt ein einzigartiges Subjekt zu werden, so scheint die Gruppenerfahrung, ganz im Gegenteil, diese Notwendigkeiten überwinden zu können durch die imaginäre narzißtische Verbindung der Gruppenmitglieder untereinander und durch die Illusion von Ewigkeit. So nähern wir uns der Gruppenillusion von Anzieu, einem grundlegenden defensiven Faktor der Gruppe, der natürlich in der Einzeltherapie nicht existiert. Diese klinische Schwierigkeit im Zusammenhang mit dem archaischen und überaus narzißtischen Funktionieren jeder Gruppe muß verstanden, analysiert und durch den Psychotherapeuten aufgelöst werden. Die Gruppenerfahrungen der Analytiker lassen die Bestätigung zu, daß diese therapeutische Arbeit möglich ist, vorausgesetzt, daß der Analytiker rechtzeitig diesen äußerst defensiven Prozeß erkennt.

II. *Einige Aspekte der psychoanalytischen Funktionen des Gruppenpsychotherapeuten*

Die psychoanalytische Funktion der Therapeuten in der Gruppe hängt zu einem großen Teil davon ab, was man mit Kaes «die Gruppenkonzepte im Bereich der Psychoanalyse» bezeichnen kann, und zwar: die Gruppe als Objekt (im psychoanalytischen Sinn), die Gruppe als Prozeß und die Gruppe als Organisation der psychischen Realität jedes Gruppenmitgliedes und von diesem letzteren als Objekt. Es ist nützlich, daß die Gruppe ein Instrument werden kann, das die analytische Arbeit erlaubt. Es ergibt sich aus dieser Organisation, daß die wesentlichen Funktionen des Analytikers in der Gruppe zuallererst daraus bestehen, die Bildung des oben skizzierten psychoanalytischen Raums zu ermöglichen – was viel komplizierter ist als in der individuellen Analyse – und dann jedes Gruppenmitglied zu Wort kommen zu lassen und schließlich Rechenschaft darüber abzulegen, was in diesem psychoanalytischen Raum geschieht durch die Interpretation und andere Interventionen. Um dies durchzuführen, muß der Psychoanalytiker fähig bleiben, seinen eigenen psychischen Raum zu bilden und aufrecht zu erhalten, in welchem er seine Fähigkeit zu assoziieren, seine Aufmerksamkeit in der Schwebe zu halten (die flottierende Aufmerksamkeit) aufrechterhält. Er wird seine Theorie auch zum Schweigen bringen müssen, was es ihm erlauben wird, besser zu interpretieren und auch die Patienten interpretieren zu lassen. Es sei wiederholt, daß diese Transaktionen durch die gelebte Beobachtung des Analytikers gemacht werden, welcher die Übertragungsbewegungen der Patienten auf ihn und zwischen ihnen und die Gegenübertragung beobachtet.

In der Gruppe beobachtet der Psychoanalytiker die Abwicklung der gruppalen assoziativen Ketten, die ziemlich gut den unbewußten Gruppenphantasmen von Ezriel entsprechen. Er wird dieser Tatsache Rechnung tragen beim Interpretieren, oder wenn er die Gruppenteilnehmer interpretieren läßt. Seine Funktion besteht dann daraus, es dieser Gruppenarbeit zu erlauben, daß sie abläuft, indem er gleichzeitig Kontrolle ausübt, gefährliche Interpretationen korrigiert, das Gewicht der verfrühten Interpretationen mildert und diejenigen Interpretationen, die nur skizziert werden, vervollständigt.

Der psychoanalytische Rahmen ist somit geschaffen und basiert auf den den Patienten gegebenen Anweisungen (offenes Gespräch, Regelmäßigkeit der Sitzungen, die Einschränkung des Handelns zugunsten des Wortes usw.) sowie auf den Anweisungen, die der Therapeut sich selbst gibt (freiflottierende Aufmerksamkeit, Konzentration auf die Übertragungen und Gegenübertragungen, usw.). Er wird zum Hüter dieser Anweisungen, und man weiß zur Genüge, daß in der Gruppe die Versuchungen, sie nicht zu respektieren, vielfältig und oft pervers sind.

Weiter erachte ich das *Vorgespräch*, das ich mit jedem Gruppenmitglied führe, als wesentlich, um den analytischen Prozeß in Gang zu bringen. Im Laufe dieses Gesprächs, das nicht länger als eine halbe Stunde dauert, vermittle ich dem Patienten die Anweisungen, aber – was noch viel wichtiger ist – ich versuche, in der kontrollierten Identifikation mit jedem Patienten soweit wie möglich zu gehen und seinem unbewußten Anliegen Rechnung zu tragen. Um dies zu bewerkstelligen verwende ich den von vielen Autoren, darunter von Malcolm Pines, beschriebenen Spiegeleffekt, der es einem erlaubt, sich im andern zu befinden, indem man sein eigenes, durch die anderen widerspiegeltes Bild betrachtet. So wird unter Verwendung von Introjektion und Projektion, die kontrollierte Identifikation mit jedem Patienten möglich, was den verinnerlichten Bildern jedes Patienten, ab Beginn der Behandlung, eine große Intensität gibt.

Die Interpretation geschieht durch die Übertragung, deren Abwehrfunktion immer gegenwärtig ist. Dieser Widerstand kann jedes einzelne Gruppenmitglied betreffen, aber auch die Gruppe in ihrer Gesamtheit und Einheit. Die Interpretation kann sich also an eines der Gruppenmitglieder richten oder an die Gruppe als Ganzes. Dies hängt vom Stadium ab, in welchem sich die Gruppe befindet, und von den psychodynamischen Konstellationen des gegenwärtigen Zeitpunktes. Zu Beginn und am Ende der Gruppe umfassen die Widerstände üblicherweise die ganze Gruppe, und die Interpretationen beziehen sich auf die Gruppe. In der Zwischenzeit, d.h. während des Durcharbeitens können individuelle Interpretationen nützlich und sogar notwendig sein. Vergessen wir schließlich nicht, daß die «gute Gruppe», diejenige die zu gut funktioniert und zufriedenstellend ist, fast immer einen zähen Gruppenwiderstand versteckt, der interpretiert werden muß, um weiterzukommen.

III. *Ein oder zwei Psychoanalytiker? Monotherapie oder Kotherapie?*

Dieses Problem hat seit der Entwicklung der Familientherapien an Aktualität gewonnen. Man ist tatsächlich versucht, die therapeutische Gruppe als eine

Familie zu betrachten und zwei Therapeuten verschiedenen Geschlechts hineinzubringen – die Eltern – um das Bild abzurunden. Nun ist aber die psychoanalytische Gruppe eine ausgesprochen künstliche Gruppe und grundlegend verschieden von der Familie, Vorbild der natürlichen Gruppe. Die untenstehende Liste zeigt in der Gegenüberstellung die Charakteristika der beiden Gruppen:

FAMILIE	PSYCHOANALYTISCHE GRUPPE
– hat sich aus der «Natur» oder der «Gesellschaft» ergeben	– durch eine Entscheidung geschaffen
– Abwesenheit von Freiwilligkeit	– erfordert Freiwilligkeit
– Vermischung von Altersklassen und Generationen	– keine Vermischung von Altersklassen und Generationen
– in der Familie inbegriffen sind: Vorfahren, Herkunft, Abstammung, Erbanlagen, Zeugung, Geschlecht, Nachkommenschaft, Verwandtschaft, Stamm und eventuell Rasse.	– die Gruppe ist von diesen einschränkenden Faktoren nicht abhängig, die hier eine imaginäre oder symbolische Rolle spielen können
– geschlossene Gruppe	– Gruppe, die jederzeit geöffnet oder geschlossen werden kann
– ihre Mitglieder können sie nicht verlassen (in psychodynamischer Hinsicht), sie «klebt» an ihnen	– die Mitglieder können die Gruppe verlassen
– Rollen durch die «Natur» oder «Gesellschaft» festgelegt	– Rollen durch die psychodynamischen Umstände bestimmt
– Ziele und Vorhaben der Familie durch die «Natur» oder «Gesellschaft» vorgegeben; werden nicht ausdrücklich formuliert	– Ziele und Vorhaben der Gruppe werden von den Mitgliedern festgelegt; können abgeändert werden; können aufgegeben werden, werden ausdrücklich formuliert
– jeder gehört einer Familie an	– man kann leben, ohne einer künstlichen Gruppe anzugehören
– Überlieferung der Familie von Generation zu Generation	– keine Überlieferung; die beendete Gruppe stirbt
– kulturelle Verhaltensregeln vorgeschrieben	– Verhaltensregeln vom Analytiker ausgewählt, eventuell von der Gruppe

Diese wesentlichen Unterschiede erklären, weshalb es illusorisch oder sogar falsch ist, die analytische Gruppe wie eine Familie strukturieren zu wollen, indem man ihr einen Analytiker zuführt, der der Vater wäre, und eine Analytikerin, welche die Mutterrolle übernähme. Wenn aus einer Gruppe manchmal eine Familie entsteht, so geschieht dies immer nur auf der imaginären Stufe oder auf symbolischer Ebene. Dies stellt nie die gelebte Wirklichkeit dar. So ist auch die Kotherapie überhaupt keine von theoretischen Imperativen auferlegte

Notwendigkeit. Außerdem funktioniert die analytische Gruppe auf einem sehr regressiven, archaischen Niveau mit «guten» und «bösen» Objekten in bezug auf die Urmutter. Sie strukturiert sich erst sehr spät gemäß Ödipus. Da jeder Patient die Tendenz hat, seine Beziehungen zum anderen, also auch zum Analytiker, in gute und schlechte Verbindungen aufzuteilen, wird die Anwesenheit von zwei verschieden- oder gleichgeschlechtlichen Analytikern diese Aufteilung noch fördern und festigen. Der eine wird zum «guten» Therapeuten, der andere zum «bösen», was die psychodynamischen Bewegungen blockieren könnte.

Die Monotherapie hat auch andere Vorteile. Sie erlaubt eine größere psychodynamische Beweglichkeit, da die Übertragungsbewegungen auf die gleiche Person konzentriert werden können und die Interpretationen kohärenter sind, als wenn sie vom therapeutischen Paar ausgearbeitet werden müssen. Die Kotherapie kompliziert die Übertragungen, die lateralen Übertragungen zwischen den Patienten und die Gegenübertragungen und vermehrt die Abwehrbewegungen und die Widerstände. Alleiniger Analytiker zu sein, erleichtert dagegen die ödipale Strukturation in der Gruppe in der Hinsicht, daß der Analytiker alle Rollen übernehmen kann, welche die Patienten ihm geben wollen (Vater, Mutter, Kind beiderlei Geschlechts, Rivale usw.), was die Ödipustriangulation erleichtert. Schließlich verlangt die Kotherapie zwischen den Analytikern eine Koordination auf dem Niveau der psychischen Bilder, welche aus verschiedenen Gründen nur selten besteht. Abschließend muß festgestellt werden, daß die Kotherapie vom theoretischen wie vom klinischen Standpunkt aus nur Komplikationen, Hindernisse und Schwierigkeiten im Gefolge hat und die Therapie nicht erleichtert.

Jedoch bringt sie einige Vorteile, vor allem für Anfänger. Zu zweit eine Gruppe anzufangen, vermindert sicherlich die Angst, besonders wenn der andere Analytiker kein Neuling ist. Besprechen zu können, was in der Gruppe vorgefallen ist, kann bestimmt einen didaktischen und bildenden Wert haben. Das trifft auch zu für zwei Analytiker, die das gleiche therapeutische Niveau haben, vorausgesetzt, sie können unter sich die Rivalitäts-, Konkurrenz- und Autoritätsprobleme erörtern, die immer bestehen, die aber oft erstickt oder verdrängt werden, wenn die Therapeuten das gleiche Niveau haben. In der Beschreibung des freundlichen Einvernehmens zwischen Kotherapeuten von Genevard und Jordi zeigen sie, daß dieses heftige Konflikte verbergen kann, die, wenn sie nicht durchdiskutiert werden, die therapeutische Arbeit unfruchtbar machen können.

Auf der kulturellen Ebene erlangen zwei Psychotherapeuten ein besseres Bild als einer allein. Die Einsamkeit wird kulturell negativ bewertet: es heißt, antisozial und gruppenablehnend zu sein. Gefühlsmäßig heißt Alleinsein, verlassen worden sein, ausgeschlossen sein und keine Liebe von anderen zu erhalten. Auf sexueller Ebene bedeutet es, Junggeselle oder Junggesellin, Pädophile, Homosexueller oder Verführer(in), währenddem das Paar die Garantie für eine «normale» und gezähmte Sexualität darstellt.

IV. *Weitere therapeutische Funktionen*

Außer den analytischen Funktionen, wie ich sie beschrieben habe, übt der Gruppenpsychotherapeut andere Tätigkeiten aus, welche nur unter besonderen Umständen wichtig sind. Ich verliere nur einige Worte über gewisse dieser Funktionen:

- *die Funktion der Hilfe:* diese ist in der analytischen Gruppe vermindert, wenn überhaupt vorhanden. Unter besonderen Umständen, wenn ein Mitglied sich in einer wirklichen Notsituation, die es blockiert, befindet, kann der Analytiker ihm helfen, diese schwierige Phase zu überwinden. Sonst gehört dies nicht zu seinen Funktionen.
- *die pädagogische Funktion:* sie besteht, wenn man davon ausgeht, daß die Kenntnisnahme seines Unbewußten pädagogisch ist. Aber in einer solchen Gruppe lernen die Patienten mit der aktiven Hilfe des Analytikers, ihr Verhalten zu modifizieren, ihre Gewohnheiten zu ändern, ihre Symptome wie z.B. in einer Verhaltenstherapie.
- *die Unterstützungsfunktion:* so wie die Funktion der Hilfe muß sie auf einem Minimum gehalten werden. Jedoch besteht in jeder Art Gruppenpsychotherapie, also auch in der analytischen Gruppe, die Funktion der Unterstützung der Gruppe in ihrer Gesamtheit, die der Analytiker von Zeit zu Zeit ausüben muß. Das ist dann der Fall, wenn die Gruppe droht auseinanderzufallen, sich in Untergruppen aufzuteilen, wenn Patienten die Gruppe verlassen. Dann ist es wichtig, daß sich der Analytiker selbst als Garant für die Gruppe behauptet, sich mit der Gruppe identifiziert und sie rekonstruiert. Er wird zum Träger und zur Stütze der Gruppe. Die Gefahr einer solchen Entwicklung ist viel größer in den streng analytischen Gruppen, als in den anderen Formen der Gruppentherapie. In der Tat hält sich der Analytiker in der analytischen Gruppe immer im Hintergrund aus Gründen seiner Neutralität und der Seltenheit seiner interpretativen Interventionen. Die Patienten lassen ihn übrigens gerne ihre Unzufriedenheit wissen im Verhältnis zu ihrer für den analytischen Prozeß unerläßlichen Frustration. Bei den anderen Arten von Gruppentherapie geht die Figur des Therapeuten sehr schnell ins Glänzende und Grandiose über. Je mehr sie einen charismatischen Aspekt bekommt, wie man heutzutage sagt, umso mehr identifizieren sich die Gruppenmitglieder mit ihr, verschweißen sich mit ihr und umso größer wird der Zusammenhang der Gruppe. Andererseits hemmt oder verhindert sogar eine solche Situation jede analytische Arbeit, indem sie die Wege, die zum individuellen Unbewußten und zu dem der Gruppe führt, blockiert.

So funktioniert also die «gute» Gruppe mit einem umschmeichelten, tüchtigen und bewunderten Therapeuten nur mühsam nach dem analytischen Modus. Die analytische Gruppe ist im Gegensatz ständig fluktuierend, sie stellt sich ständig in Frage mit dem immer gegenwärtigen Risiko des Ausscheidens von Patienten, von Brüchen, von Auflösung und Tod. Der Psychoanalytiker muß auf der Hut sein und ein Minimum an Kohäsion erlangen, so daß die Analyse fortgesetzt werden kann, aber nicht mehr. Er muß das Aufkommen von Untergruppen, das unerklärliche Schweigen einzelner Mitglieder, das Ausagieren (acting-out) und Agieren in der therapeutischen Situation (acting-in), seinen Ausschluß von den Transaktionen usw. wahrnehmen können, um nur einige heikle Situationen zu erwähnen. Diese benötigen manchmal Unterstützungsinterventionen aber, vor allem strukturierende Gruppeninterpretationen. Außerdem darf er nicht vergessen, daß, falls die Gruppe eine «gute Gruppe» wird, dies oft ein Zeichen für einen Widerstand gegen die analytische Arbeit ist.

– *die Funktion der Freundschaft:* während des Gruppenlebens entsteht ein besonderes Freundschaftsband unter den Patienten und zwischen den Patienten und dem Analytiker. Aber es ist vorteilhaft, wenn dieses Band bildhaft und symbolisch bleibt. Diese Sympathie muß, wie die aggressiven Momente, analysiert werden können, damit die Mitglieder nicht voneinander abhängig bleiben und vor allem nicht abhängig vom Therapeuten sind, und daß sie außerhalb der Gruppe ihre Freunde finden.

V. *Konsequenzen für die Ausbildung des analytischen Gruppenpsychotherapeuten*

Sie sind sehr wichtig und sollten zum Gegenstand eines anderen Artikels werden. Auch beschränke ich mich auf eine knappe Erklärung. Der analytische Gruppenpsychotherapeut sollte, im Rahmen des Möglichen, eine komplette, sogenannte klassische, psychoanalytische Ausbildung erwerben und Vollmitglied der psychoanalytischen Institution werden. So befindet er sich in der besten Lage, um sich für den therapeutischen Bereich, in dem die Psychoanalyse untervertreten ist, zu wehren. Außerdem muß er alle Aspekte der didaktischen, formativen, therapeutischen und pädagogischen Gruppen kennen und seine Kenntnisse durch vielfache praktische Erfahrungen erweitern.

Zusammenfassung

Dieser Artikel legt die Schwierigkeiten dar sowohl im Zusammenhang mit der analytischen Institution als auch theoretischer und klinischer Art, denen der Analytiker, welcher die Gruppenpsychotherapie praktiziert, begegnet. Besonders wurde die «narzißtische» Schwierigkeit, als Analytiker zu funktionieren, erörtert. Die Abänderungen und die Handhabung dieser Funktionen werden beschrieben, indem der Spezifität der Gruppensituation Rechnung getragen wird, welche z.B. individuelle oder die Gruppe in ihrer Einheit betreffende Interpretationen erlaubt. Wir zeigen alsdann die wesentlichen Unterschiede zwischen der Familie – natürliche Gruppe – und der analytischen Gruppe – künstliche Gruppe – und die Konsequenzen, die sich für die Monotherapie und Kotherapie ergeben. Beschreibung der Vor- und Nachteile dieser beiden Modalitäten. Wir schließen ab mit einigen Bemerkungen über andere therapeutische Funktionen als die, welche streng analytisch sind. Die Konsequenzen für die Ausbildung des analytischen Gruppenpsychotherapeuten werden zur Sprache gebracht.

Literatur

Chapelier, J. B.; Avron, O.; Privat, P.: Groupes – Un seul ou deux psychothérapeutes. Rev. Psychothér. Psychanalyt. de Groupe. *1–2*, 1985, 13–17.

Genevard, G.; Jordi, P.: Essai d'évaluation des concepts de statut et de fonctions de co-thérapeutes de groupe. Pratique de la psychothérapie de groupe II. Les techniques. Presses Universitaires de France, Paris 1968, 103–124.

Graham, F. W.: Psychoanalysis and group psychotherapy. Rev. Psychothér. Psychoanal. de Groupe. *1–2*, 1985, 13–37.

Kaes, R.: Place, fonction et savoir du psychanalyste dans le groupe? Rev. Psychothér. Psychanal. de Groupe. *1–2*, 1985, 23–37.

Pines, M.: Reflections on mirrorring. Group Analysis. Supplementum to *2*, 1982, 1–26.

Narzißmus und Gruppe

Über den Narzißmus der Gruppen

Raoul Schindler

Gleich stehen wir vor der ersten Schwierigkeit: Gibt es so etwas, wie einen *primären Narzißmus der Gruppe*, also eine sich liebende Kraft eines Gebildes, das noch gar nicht besteht? Im personalen Aspekt hatte Freud ganz biologistisch die organisierende Kraft der genetischen Codes vor Augen. Aber schon Lacans linguistische Perspektive schließt an eine kollektivpsychologische Wurzel an. (Allerdings wird es in dieser Forschung eher still um die Belange und Unterscheidung des primären Narzißmus von späteren Spiegelungsfreuden). Von welchem Stadium der ICH-Entwicklung an ist narzißtischer Lustgewinn überhaupt möglich, vielleicht schon pränatal?

Für den makroskopischen Blick auf unsere feiernde Gruppe lassen sich die primären Fäden des bevorstehenden Lustgewinns freilich erfassen: Wir alle sind mit bewußten und unbewußten Erwartungen hier angereist, Motive, die sich aus unsern individuellen Geschichten ergeben haben. Wir bringen alle so etwas wie Schwungmasse für unser gemeinsames Stück Leben mit, wahnhafte Vorgriffe auf das, was hier werden könnte oder sollte, wenn es nach dem je personalen Willen ginge. Im Akt unserer Begegnung hier wird sich der Umschlag der persönlichen Geschichte zu unserer Gruppengeschichte vollziehen, wird jeder ergriffen werden von der geballten Kraft der «Ge-mein-heit», – ja, man tut gut, das besänftigend stagnierende «sam-» aus «Gemein-sam-keit» hier nicht zu beschwören, sich vielmehr der vollen frischen Aggressivität auskostend zu überlassen. Natürlich ist es ein narzißtisches Größen-ICH im Sinne Kohuts, das sich da aufbläht in der illusionären Vorstellung, die systemische Einheit all unsrer Individualitäten wäre die meine. Wäre sie es wirklich, so risse ihre einseitig geballte Leidenschaft uns alle fort ins Gemeine, ins Extrem, das nicht mehr gemeint war. In panikhaften Vorgängen ist dergleichen schon vorgekommen, und darum gehen wir mit der Eröffnung von Begegnungen auch feierlich und rituell um und begrüßen es, wenn jemand von außen uns begrenzt, also etwa eine programmatische Struktur vorgibt oder den Vorsitz hält. Vor wenigen Wochen habe ich in Alpbach im Rahmen der Internationalen gruppendynamischen Trainingsseminare des ÖAGG (des österreichischen Arbeitskreises für Gruppentherapie und Gruppendynamik) eine Gruppe geleitet, die die Fantasien ihrer ICH-Bildung auf den Beobachter projiziert artikulierte. Diese Funktion, im gegebenen Fall mit einer jungen hübschen Frau besetzt, war als Rollendefinition dazu verpflichtet, sich dem Gruppenprozeß nicht anheimzugeben, sondern ihn von außen, ohne Sprachkontakt anzugehen, nur zu beobachten. Die Gruppe lehnte die Funktion nicht ab, beschäftigte sich aber in ihrer ersten Sitzung überwiegend mit ihr: Sie übe eine gefährliche Macht aus, indem sie über eine Regel verfüge, die die Gruppe nicht kennt und nicht selbst besitze, die sie sich erst bilden müsse; sie, die Beobachterin, wolle der Gruppe ihre Intimität wegnehmen, ohne ihr etwas dafür von sich zu geben; sie sei von einer geheimen und übermächtigen Autorität geschickt, wie die Volkszähler in der BRD, niemand wisse, was sie mit den erhobenen Daten alles anfange; aber sie könnte auch irgendwer sein, ohne eigene Person, ohne eigene Absicht, jemand Ausgestoßener. In der folgenden Sitzung erkannten die Mitglieder dieser analytischen Gruppe in diesen Fantasien sich selbst: Sie definierten Intimität als das, was man nicht zeigen wolle, und ihre Absicht, sich der Intimität anderer zu bemächtigen, ohne solche Bemächtigung vom andern her zuzulassen. Dadurch wollten sie Macht ausüben, weil sie sich selbst daheim entmächtigt fühlten, von andern manipuliert, deren Regel ihnen verborgen blieb. Sie waren aus dieser Situation hierher gereist, ohne eine ihnen bewußte persönliche Absicht, im Grunde Ausgestoßene ihrer Situation daheim. Sie fühlten sich geborgen bei der gemeinsamen Vorstellung ihrer Gruppe als eines Flüchtlings-Camps, – der realen Kindheitssituation einer Teilnehmerin, die damit erstmals die Abwehr ihrer Intimität preisgab und uns allen persönlich wurde.

Dasselbe Thema tauchte nochmals in der zweiten Großgruppensitzung auf, einer Begegnung aller parallel übenden Kleingruppen, also von etwa 70 Personen, jeweils am Tagesende für eine volle Übungszeit von 90 Minuten. Ein Teilnehmer meldete seinen Wechsel von einer Kleingruppe in eine andere, entschuldigte sich bei der verlassenen Gruppe und bedankte sich für die Aufnahme in der neugewählten Gruppe, alles nicht ohne Wohlgefallen über die eigene freie Entscheidung. Die aufnehmende Gruppe genoß ihren Machtzuwachs und gab sich großzügig-liberal, die verlassene Gruppe ließ gehemmt durchblicken, daß auch sie sich vielleicht freuen könne, aber es nicht auf Kosten des Wechselwählers tun möchte. Und plötzlich tauchte die Idee eines von unserm Training ausgehenden weltweiten Netzes der Solidarität zur Selbstmordprophylaxe auf, gewissermaßen eine Automatik für jeden, der irgendwo rausfällt, daß er anderswo wieder aufgenommen wird. In der friedlichen Scheinbewältigung dieser, im Grunde mörderischen Fantasien, fühlte sich unsre Großgruppe sehr wohl.

Wenige Zeit später schickte übrigens die amerikanische Regierung einen ehemaligen KZ-Aufseher aus Siebenbürgen nach Österreich und entzog ihm den Paß. Der Mann fiel zwar ins bürokratische Nichts, kam aber bei hier lebenden Siebenbürger Flüchtlingen aus dem 2. Weltkrieg unter. Die «Ge-mein-heit» des einseitigen Machtvorgangs, von der österreichischen Presse wohllüstig aufgenommen, ist eine Realisierung der damaligen Alpbach-Fantasie in weltweitem Maßstab.

Einige Fragen drängen sich auf: Hat nun dieser Mann, mit Hilfe «intimer» Beziehungen zu der Administration einer Weltmacht, ein ganzes Volk, nämlich das österreichische, manipuliert? Oder ist ein in eine selbstmörderische Situation Geratener von einer liberalen Solidarität aufgefangen worden? Und wie lassen sich die «Kleingruppe der Österreicher» und die «Kleingruppe der Amerikaner» in der «Großgruppe der völkischen Verbundenheit» vorstellen? Eher mißtrauisch, paranoid-gespalten, oder auch vereint in der fragwürdigen Gastfreundschaft für eine eher dubiöse Persönlichkeit?

Im kollektiven Aspekt können alle diese Deutungen widerspruchslos nebeneinander bestehen. Welche davon aber in unserm Selbstbewußtsein bestehenbleiben und welche ins Unbewußte zurückgedrängt werden wird, das hängt nicht zuletzt von den Kräften des sekundären Narzißmus ab.

Heutzutage wird selten von *sekundärem Narzißmus* gesprochen, man gebraucht überwiegend den Begriff *«Bestätigung»*, der aus der Verhaltensforschung stammt. Er beschreibt den Gefühls- und Machtvorteil, der mir aus der Zustimmung anderer erwächst, enthält aber auch den reflexiven Gehalt der vorgelaufenen Fantasie, die sich im Selbstgefallen anderer spiegelt. Bestätigung gehört zu den meist geübten Freundesdiensten.

Für den sekundären Narzißmus in Gruppen gilt, was ich gerne das *«Gesetz des dritten Mannes»* nenne. Es besagt, daß in einer Gruppe von Menschen die zweimalige Bestätigung einer vorgebrachten These die Überzeugung wachruft, daß es so sei. Das Gefühl in der Gruppe folgt dabei folgenden Stufen: (1) Jemand artikuliert eine Überzeugung, – das ist zunächst seine Behauptung oder Meinung; (2) ein Zweiter findet die gleiche Meinung bei sich wieder und spricht das aus, – das läßt aufhorchen; (3) ein Dritter bestätigt die gleiche Meinung aus seiner Sicht, und siehe da, alle nehmen nun an, das ist «unsere Meinung». Will man jetzt noch widersprechen, dann muß man schon betonen, daß nicht «wir alle» so denken. Wir kennen die taktische Anwendung dieses Vorgangs aus der Studentenscene der 68er Jahre zum Zwecke der Manipulation von Versammlungen und andern Großgruppen.

Der quantitative Zuwachs an sekundärem Narzißmus führt zum qualitativen Umschlag im System und so wird der isolierte Anspruch des ICH zum Organisator einer WIR-Beziehung, – tres faciunt collegium.

Uns allen ergeht es hier und in jeder Begegnung wie meiner Kleingruppe in Alpbach: Kaum erwachen wir aus dem primär-narzißtischen, frühinfantil-psychosenahen Traum unsrer Anreiseerwartungen, so erfahren wir uns angeblickt, beobachtet, überlegenen Mächten und überlegenem Wissen ausgesetzt. Die Erschütterung des eigenen Selbstbewußtseins können wir dann regressiv oder progressiv abfangen. Regressiv, durch Rückzug in den primären Narzißmus nach der Formel: diese andern (Fremde, Objekte, Dinge usw.) gehen mich doch eigentlich nichts an, sie sind anders. Progressiv, durch Vorstoß in die Begegnung, was uns zunächst mit der Einbindung in ein komplexes Chaos belastet. Der dringende Wunsch, es durch Bemächtigung zu reduzieren, führt bei Kindern zu einem ungehemmten Imponiergehaben, das um Nachfolge wirbt. Im «Pairing»-Stadium reduziert sich das Chaos bereits auf die Hälfte nach der paranoiden Formel «wer nicht mit uns ist, ist gegen uns». Aber erst die Zustimmung des «Dritten» gibt das entscheidende Übergewicht für ein Organisationspotential. So steht am Beginn der ICH-Bildung eine Über-zeugung, eine Art narzißtischer Vorgriff auf die Resonanz in der Beziehung aus der Übereinstimmung der Träume, was wir gemeiniglich «Verstehen» nennen.

Die psychoanalytische Erarbeitung der ICH-Bildung von Melanie Klein bis Margret Mahler, Kohut und Kernberg (um nur einige zu nennen), hat eine zutreffende Beschreibung des Phänomens geliefert. Durch die makroskopische Analogie der Selbst-Organisation in Gruppen wird diese Darstellung bestätigt und um einen quantitativen Aspekt erweitert. Dabei folgen wir in der Gruppenanalyse mehr der Entwicklung der Aggressivität, als der Libido und erfassen systemische Gleichgewichte der Macht. Auch hier verfügen wir ja über keine zählbare Einheit, aber wir lernen allmählich Mengen aus Vergleichen zu definieren, etwa nach dem Vorbild von Nikolaus Luhmann oder Humberto Maturana (um auch hier nur beispielhaft einige zu zitieren.)

Jedes Bewußtsein befindet sich hinsichtlich der von ihm erfaßten Welt in einem Systemgleichgewicht mit einer vermutlich artkonstanten Unschärferelation. Der experimentelle Entwurf einer Weltsicht, etwa im Traum oder in einer Fantasie, wird einerseits getragen vom primär-narzißtischen Vergnügen am Entwurf selbst und anderseits den sekundär-narzißtischen Bestätigungen, die er einbringt. Die Weite des Entwurfs wächst an mit dem Maß der narzißtischen Gesamtbefriedigung und nimmt ab mit ihr. Schizophrener Rückzug aus der Welt folgt der Abnahme narzißtischer Befriedigung in ihr. Der Weltbezug kann aber aufrechterhalten bleiben, wenn einem geringen primären Narzißmus eine entsprechende Zufuhr sekundären Narzißmusses entspricht, wie z.B. in den zwingenden Beziehungen einer «folie à deux» oder gläubiger Nachfolge. (Im Gegensatz zu ihrem Erscheinungsbild sind Sektengründer daher primär keine narzißtischen Persönlichkeiten, sie arbeiten vielmehr an der Aufrechterhaltung der ihnen notwendigen sekundär narzißtischen Zufuhr und werden zuweilen durch ihren Erfolg in verstiegene Weltsichten vorgetrieben.) Es gibt auch so etwas wie eine gesellschaftliche Narzißmus-Pflege für die gehobenen Schichten, denen die weiteren Weltentwürfe zugeordnet werden, während die unteren Schichten in der vom revolutionären Sozialismus beklagten gläubigen «Genügsamkeit» verharren. In den noch übersichtlichen Welten der Kleinkinder oder der Kleingruppen vermerken wir leicht den manisch-expansiven Auftrieb, der der Bestätigung ihrer Erwartungsvorstellungen folgt und rasch zur Überschätzung der eigenen Macht und Wirkmöglichkeit führt. Darum stoßen Kleingruppen, die sich in ihren Fantasien rundum bestätigen, rasch zu gesellschaftsverändernden Entwürfen vor, für die sie auch die Kraft und Berechtigung in sich spüren, – denken Sie an die weltbewegende Potenz der Stammtische!

Wenn die Erwartungen dagegen nicht aufgenommen werden, sondern ohne Resonanz liegenbleiben, dann bemächtigt sich ihrer Selbst-zerstörerische *Depression*. Todesfantasien kommen auf: Wünsche, aus dieser langweilig unbewegten Welt (oder Gruppe) auszuscheiden oder sie der anarchischen Zerstörung preiszugeben. Eine kontrollierte Zerstörung ist die *Aufspaltung*. Eine große Gruppe wird in zwei kleinere zerrissen, die sich widersprechen. Bis zum Stadium ausreichender Entfremdung lebt dann der Discours von Bestätigung und Widerspruch. Die kleinere Gruppe bekommt von der, in ihrer Potenz geschädigten, größeren Restgruppe die Schuld an der Verkleinerung zugeordnet. Solange sie im Discours bleibt, übernimmt sie die Rolle des «Sündenbocks», dessen Vertreibung zum Selbst-bestätigenden Anliegen wird. Es wird also «Ge-mein-heit» geschaffen, die Herstellung meiner (unsrer) Einheit durch Austreibung der anderen. Wird der narzißtische Schwung der ausbrechenden Klein-Gruppe tatsächlich ausreichen, um aus der Anziehung der größeren Restgruppe hinauszuführen, also aus einer bisher definierten Weltsicht in eine noch unbelebt neue, in die Unübersehbarkeit der «Wüste», mit der Chance unterzugehen (Sich aufzulösen) oder das «verheißende Land» zu finden, vielmehr es durch konstruktives Handeln der Leere der Wüste zu entreißen. Solange dieses Wagnis nicht eingegangen wird, bleibt die ausbrechende Gruppe in der Gegenabhängigkeit der größeren, so wie eben das protestierende Kind in der Familie seiner Eltern oder die dissidente, kriminelle oder psychopathische Randschicht in der Justiz oder Irrenpflege ihrer Gesellschaft.

Vor drei oder vier Jahren gelang es in dem schon zitierten Alpbach-Training des ÖAGG einer Kleingruppe mit den andern Kleingruppen, im Bilde eines angeblich entdeckten mystischen Indianerkults, eine meditativ-okkulte Großgruppenstimmung zu entwickeln, die große Bewunderung auslöste. Die, in früheren Jahren oft geschmähte, weil vielfach enttäuschende und mühsame, Großgruppenerfahrung bekam plötzlich großes Lob in der narzißtischen Wonne transozeanischer Verbrüderung. Die geheime Führungsrolle unsrer gruppendynamisch geschult manipulierenden Kleingruppe schlug allerdings grausam um, als sie, gemäß den Spielregeln eines Trainings, aus dem ja gelernt werden soll, ihr Spiel offenlegte. Die Großgruppe belohnte keineswegs den Einblick in ihre Intimität, sie hielt an ihrer mystischen Einigkeit durchaus wahnhaft fest und beschuldigte die Kleingruppe, der sie diese Einigkeit ja eigentlich zu verdanken hatte, gerade der Zerstörung derselben durch ihren «Vertrauensbruch». Statt des erwarteten Triumphes, den sie in Kleingruppenfantasien sich vielfach narzißtisch ausgemalt hatte, erntete sie Vorwürfe und wurde als Manipulantengruppe mit Schuld und Kritik beladen und unter der Devise «So nicht mit uns!» an das verachtete Ende der Rangordnung gedrängt. Wahrscheinlich hätte man sie ausgestoßen und in die «Wüste» der Tiroler Gletscher mit ihren gefährlichen Spalten gewünscht, hätte es nicht die triangulierende Autorität der Trainingsleitung gegeben. Ihr gegenüber wurde nun mit Klagen und Gegenklagen um die Bestimmung der Fahrtrichtung unsres Großgruppentrainings gerungen und, wie wir ja wissen, hängt es von der Fahrtrichtung ab, welche die Ersten und welche die Letzten sein werden.

Gegenüber der konkretistischen Erfahrung der «guten» und der «bösen» Mutter, erarbeitet sich das Kleinkind eine transzendierende Sicht der in der Zeit einheitlichen Mutter, vermittels der narzißtischen Rückendeckung am Dritten, am Vater, – wir nennen das *«Triangulierung»* der Beziehung. Und ebenso erarbeitet sich die große Gruppe die Metaposition einer «Gemeinsamkeit unter dem Aspekt widersprüchlicher Aktionsmöglichkeiten» vermittels eines Systemgleichgewichts zur außenstehenden dritten Position. Der Therapeut kann für sich diese dritte Position organisieren, indem er das Mitagieren (und damit Bestätigen irgendeiner der dem Gruppenkonflikt inhärenten Positionen) verweigert, oder indem er den Widerspruch der Positionen bestätigt, das heißt: das geklagte «Symptom verschreibt». Ersteres entspricht der psychoanalytischen Verhaltensregel, letzteres wird heutzutage von der systemischen Familientherapie bevorzugt. Mit beiden Techniken wird eine den Konflikt triangulierende Machtposition in Meta-Ebene errichtet, also außerhalb des Weltsystems der Gruppe, gewissermaßen aus der «Wüste» heraus. Da das Machtpotential dieser Meta-Position sich mit allen der Gruppe einwohnenden Kräften im Gleichgewicht befindet, wird ein freies Spiel dieser Kräfte ebenso möglich, wie ein Verharren derselben im Gesamt der Gruppe notwendig.

Es gibt freilich starke Tendenzen, solche Triangulierungen zum Scheitern zu bringen: Am naheliegendsten ist das Bemühen der offenen oder potentiellen Untergruppen, den außenstehenden Dritten auf ihre Seite zu ziehen, ihn zum entscheidenden Schiedsrichter zu machen. Ein wechselndes Mitagieren auf beiden Seiten führt unweigerlich an die Schlußposition und läßt den vermeintlichen Schiedsrichter zum Prügelknaben werden, der sich zu seinem Schutz auf eine Bezugsgruppe beziehen muß, etwa eine Institution oder eine wissenschaftliche Schule. Parteinahme für die Minorität führt zu deren Abhängigkeit, Parteinahme für die Majorität zur Vereinnahmung und Belastung mit der Verantwortung. Psychiater werden so in die Rolle der manipulierenden Verfolger gedrängt, wenn sie die Anpassung ihrer Patienten an Wünsche der Familien unterstützen.

Natürlich kann sich jede Untergruppe der Triangulierung auch durch Abspaltung und Abkapselung entziehen, sie reduziert sich dann auf ihr Weltbild und macht dieses Anliegen zu ihrem Thema. (So eine Entwicklung wäre z.B. eingetreten, wenn die zitierte Alpbach-Gruppe mit ihrer Indianermythologie ihre Intimität nicht preisgegeben hätte. Sie hätte zur Priesterschaft eines neuen Geheimkults werden können, der seine Bestätigung konterdependent aus der Ablehnung der Andern gewinnt. Und mit dem Verlust der Berührung mit diesen Andern, würde sich ihre Identität durch die Abstoßung der eigenen Abweichler festschreiben und solcherart eine fixierte Orthodoxie errichtet werden.) Ein solches Hinschmelzen der Weltoffenheit ist ein *Mangelsyndrom des primären Narzißmus*, der die Alpha-Qualität in großen Gruppen nicht mehr ausreichend entstehen läßt, um die in ihr enthaltenen multiplen Erwartungen in einer Initiative zu vereinen. Die Gruppe erlebt dann ihre Identität nicht mehr ausreichend in der narzißtischen Lust an der Initiative des bewegenden Alpha, sie bedarf der sekundären Bestätigung durch Abgrenzung von der zögernden Last des Omega. So verliert die bürgerliche Kleinfamilie ihre Einbettung in den größeren gesellschaftlichen Bezug oder, – um ein anderes Beispiel zu wählen: – der postmoderne Künstler seinen oppositionellen Bezug zu seinem Publikum, unter dem Anspruch einer zwei Generationen vorauseilenden Weite seines Entwurfs, er wird zum stammelnden Sprachrohr einer sich verbergenden Gegenwart.

Ich will abschließend versuchen, das Gesagte thesenartig *zusammenzufassen*:

1. Das an der Einzelseele psychoanalytisch erarbeitete Bildungsprinzip läßt sich im Bildungsprozeß der Kleingruppen und in dritter Ebene der Großgruppen wiederfinden. Die Selbst-Organisation der Lebenskräfte läßt sich im Bereich der Gruppe unter dem Makroskop beobachten. Damit eröffnen sich erstmalig auch Möglichkeiten zur Quantifizierung seelischer Vorgänge: Einmal nach den Bedingungen der Gruppengrößen und zweitens: nach den Systemgleichgewichten der Macht.

2. Die primäre Lust des Lebens an sich selbst fassen wir unter dem Begriff des primären Narzißmus zusammen. Er folgt der genetischen Spur des Individuums, der kollektiv errichteten Abbildungskraft der Sprache und den je aktuellen Erwartungen der Elemente einer Begegnung.

3. Der Schwung des primären Narzißmus verlangt nach der bestätigenden Spiegelung im andern, dem sekundären Narzißmus. Aus dem Zusammenwirken beider entsteht das persönliche SELBST-Bewußtsein und die Weite des vorauseilenden Weltentwurfs. Den Bereich, der einer Spiegelung nicht preisgegeben, sondern abwehrend, verborgen wird, nennen wir «intim».

4. Die primäre Begegnung, ohne Öffnung von Intimität, stellt nur «Ge-meinheit» her, d.h. die Illusion einer (symbiotischen ?) Verbundenheit aller Begegnenden auf der systemischen Basis meines SELBST, das damit die aufgeblähte Figur des «narzißtischen Größen-Selbst» nach Kohut annimmt. Die kritische Zerstörung dieser Figur ergibt Depression und damit Lähmung eines vorgreifenden Entwurfs in die Zeit.

5. Mit dem Einbringen primär-narzißtischen Engagements in die Begegnung reduziert sich die Vielfalt der Andern in solche, die mich bestätigen, und andre,

Autodestruktion und Narzißmus

Raymond Battegay

Auto-destruktion

1988, 156 Seiten,
kartoniert
Fr. 26.–/DM 29.80

Der Autor schildert die unterschiedlichen Formen selbstzerstörerischen Verhaltens: Die Opferung des eigenen Lebens, die ersehnte Auflösung im Massenprozeß und das damit zusammenhängende Größengefühl der Beteiligten, die Aufopferungsbereitschaft der Menschen für Religion und Kriege, die Vernichtungs-Feldzüge gegen scheinbar oder wirklich Andersartige, die Zerstörung des eigenen Antlitzes und des eigenen Körpers, das Selbstzerstörerische in der Anorexia nervosa und in der übermäßigen Nahrungsaufnahme, das Maßlose in der Sucht, das Nachleben in der Phantasie des Suizidalen, die Zusammenhänge zwischen Autodestruktion und Narzißmus, die autodestruktive Gewissenzentriertheit des Depressiven, die rigide beschneidende Ordnung des Zwangskranken, die schizophrene Autodestruktion. Als Therapie werden psychoanalytische Verfahren, Entspannungsmethoden, Verhaltenstherapie, kognitive Psychotherapie und gruppenpsychotherapeutische Verfahren sowie medikamentöse Therapien besprochen.

Verlag Hans Huber
Bern Stuttgart Toronto

Raymond Battegay (Herausgeber)

Narzißmus beim Einzelnen und in der Gruppe

Psychotherapie und Literatur. Mit Beiträgen von R. Battegay, G. Benedetti E. Franzke, F. Meerwein, M. Rosenbaum, P.-B. Schneider und R. Schindler.
1989, 103 Seiten, 1 Farbabbildung, 1 Skizze, kartoniert, Fr. 34.–/DM 39.80

Die Arbeiten in diesem Buch gehören alle in den größeren Rahmen von Systole und Diastole, von Konzentration auf das eigene Selbst und Ausweitung auf die Gruppe, von Depression und manischer Ausgelassenheit, von Trennung und Verschmelzung, von Mißtrauen und Urvertrauen. Der Narzißmus hat große Bedeutung in der Arbeit des Psychotherapeuten. Die Gruppe erscheint als das Milieu, in dem sich das Individuum in seiner Ichhaftigkeit und mit seinem Narzißmus verwirklicht. In der Gruppenpsychotherapie haben die Angesprochenen in der darin zur Geltung kommenden Spannweite zwischen Individuum und sozialem System Gelegenheit, einerseits Autonomie zu entwickeln und anderseits, sich, als Individuen, in das Beziehungsnetz zu intergrieren. Aber auch zur Deutung des Werks und der Lebensumstände von Dichtern und Philosophen läßt sich das Narzißmuskonzept erfolgreich anwenden. Dies beweisen die Beiträge von G. Benedetti über Nietzsche und von F. Meerwein über Rilke.

Raymond Battegay

Narzißmus und Objektbeziehungen

Über das Selbst zum Objekt. Zweite unveränderte Auflage, 166 Seiten, 2 Abbildungen, kartoniert
Fr. 22.–/DM 26.80

Es wird auf die Bedeutung narzißtischer Störungen im individuellen Erleben, im engeren sozialen Beziehungssystem, im Kulturkreis und die das verweigern oder verzögern. Die Tendenz, diese abzuspalten, führt zum Sündenbock-Mechanismus, wo die Abtrennung nicht gelingt: zur konterdependent-paranoiden Position. Strukturelle Fixierung in dieser Position führt zum Verlust sekundär-narzißtischer Befriedigung und zum schizophrenen Rückzug aus der Welt.

6. Die Abschließung in einer Intimgruppe, die sich der Reinheit ihrer Ideen verschreibt, sichert zwar gegen narzißtische Kränkungen, verkümmert aber den Weltentwurf zur starren Orthodoxie.

7. Erst die Triangulierung der Macht gegenüber einer Meta-Position läßt creativ verändernde Vielfalt in der Gemeinsamkeit einer narzißtischen und initiativen Identität zu.

Als Beispiel verweise ich auf die Meta-Position des in gemeinsamer Anerkennung Gefeierten im Begegnungsraum der Feiernden. Und damit möchte ich das narzißtische Vergnügen dieser Stunde an Sie alle zurückgeben.

Ich-Stärkung ↔ Ich-Stützung in der Gruppenpsychotherapie

Erich Franzke

Das Hauptanliegen dieser Arbeit ist folgendes: Wie kann ein *Optimum an Ich-Stärkung ohne Überbelastung* bei einem – gesicherten – *Minimum von notwendiger Ich-Stützung* erreicht werden.

Nach einer kurzen Begriffsdefinition werden einige, im obigen Sinn wichtige Forderungen für verschiedene Psychotherapieformen hervorgehoben und anschließend anhand von Beispielen verdeutlicht und – soweit möglich – einfühlbar gemacht. Die besondere Nützlichkeit kreativer Arbeitsweisen soll dabei berücksichtigt werden.

Ich-Stärkung: Neu-Erwerb, Entwicklung und Vervollkommnung von Ich-Funktionen (Hartmann 1960)

Ich-Stützung: (zeitweiliges oder – falls nötig – dauerhaftes) Ersetzen fehlender oder mangelhafter Ich-Funktionen

Nach der eingangs formulierten These ist demnach die Balance zwischen Ich-Stärkung und Ich-Stützung wichtig: ein jeweiliges ‹Wieviel – Wovon›.

Zur Veranschaulichung hat sich mir bei Patienten, Klienten und Ausbildungskandidaten das Beispiel der ‹Rückenschwäche› bewährt: Es gibt Rückeninsuffizienzen, bei welchen nichts anderes als eine *Stützung* dauernd (schwere Mißbildungen, manche Knochentumoren usw.) oder für begrenzte Zeit (Wirbelbrüche) in Frage kommt. Bei muskulären und sogenannten Haltungsschwächen kann dagegen manchmal ausschließlich durch aktive Übungen mit Bewegungsabläufen, die für den Patienten möglicherweise neu sind (z. B. ein Hüpfen auf elastischem Sprungtuch) eine *Rückenstärkung* erreicht werden. Zumeist aber wird es günstig und nötig sein, die Rückenmuskulatur im kleinschrittigen Vorgehen ohne Überanstrengung zu stärken und den Rücken vor und bei (für diesen Rücken unzumutbaren) Belastungen zu schützen, bzw. zu stützen.

So führt auch bei den verschiedenen Psychotherapieformen jeder verfrühte oder forcierte Ich-Stärkungsversuch im besten Fall zu verschärften Abwehrvorgängen, zu Rückfällen und Enttäuschungserlebnissen bei Patient *und* Therapeut, vielleicht sogar zu Behandlungs-krisen und -abbrüchen. Dagegen stören unnötige und übertriebene Stützmanöver die eigenen Bewältigungsmöglichkeiten des jeweiligen Klienten, behindern sein Erwachsen-Sein und können somit auch narzißtisch kränkend wirken.

Der besseren Übersicht halber teile ich die Voraussetzungen für eine günstige Verteilung von Ich-Stärkung und Ich-Stützung in folgende drei Untergruppen ein:

a) bei jeder Art von Psychotherapie – von entspannenden, stützenden, übenden und verhaltensmodifizierenden bis zu tiefenpsychologisch orientierten, einsichtsvermittelnden Formen

b) bei einsichtsvermittelnden Einzel- *und* Gruppentherapieformen
c) bei Gruppenpsychotherapien.

A) Einige **Faktoren,** die **bei jeder Psychotherapieform** behandlungsbegünstigend wirken

1) *Wahl der Behandlungsmethode* und Arbeitsweise *nach* sach- und persönlichkeitsgerechten *Indikationskriterien*

Das klingt sehr klar und gilt vielfach als selbstverständlich, wird aber nicht selten übersehen oder je nach Therapeutenideologie überhaupt nicht in Frage gestellt. Bei der Vielfalt von Behandlungstechniken auf dem Boden durchaus unterschiedlicher Theorien und Hypothesen ist nicht vorauszusetzen, daß *ein* Therapeut auch nur annähernd mit den wichtigsten Arbeitsweisen genügend vertraut ist, um sie selbst anwenden zu können. Prinzipiell ist zu fordern, daß in jedem Fall wenigstens zu überlegen ist, welche Behandlungsform derzeit bzw. jeweils angebracht ist, ob eine Abfolge verschiedener Therapiearten je nach weiterer Entwicklung zu veranlassen oder eine Kombination verschiedener ‹Techniken› am Platze ist. So wird z. B. beim Stottern seit langem ein einsichtsvermittelnder ‹Arbeitsgang› parallel mit logopädischen Übungen eingesetzt. Wurmser (1987) kombiniert bei ‹Drug-Addicts› die psychoanalytische Arbeit mit (stützenden) Kontaktgruppen und Battegay (1967) hat bei ausgesprochener Abhängigkeit von Medikamenten eine einleitende supportive (Gruppen-)Therapie empfohlen, ehe nach zwei Jahre langer Drogenfreiheit eine analytische Gruppentherapie – die ja Frustrationen und Durststrecken mit sich bringt – angezeigt sein soll.

2) Das jeweils angebrachte *Maß an Selbstbeteiligung des Patienten*

Es ist demnach bei jeder Art von Psychotherapie immer wieder zu versuchen, folgende Fragen zu beantworten: «*Was* kann dieser Patient selbst übernehmen?» bzw. «*Was* kann ihm zugemutet werden?» und dann als Gegenpol: «*Was* muß (vorerst) ‹von außen› beigetragen werden». In nachahmenswerter Weise wurde dies ohne jedweden Wertungsstreit in den ersten Jahren des Nakka-Projekts, dem ersten ernsthaften Versuch einer offenen Psychiatrie in einem Stadtteil von Stockholm, praktiziert (Cullberg 1975 u. 1978).

3) *Vermeidung narzißtischer Kränkungen* und keine Verschärfung von Selbstwertstörungen

Häufig liegt es nicht so sehr am Inhalt einer eventuell notwendigen (bitteren) Botschaft, ob der Empfänger sie annehmen und verkraften kann. Die Art der Vermittlung, der Tonfall und vor allem die Glaubwürdigkeit des Mitgefühls und Engagements des Therapeuten sind von größter Bedeutung, damit eine Mitteilung ohne Beeinträchtigung der therapeutischen Beziehung aufgenommen werden kann. Dabei ist zugleich darauf zu achten, daß der Therapeut keine durchgehende Schonhaltung einnimmt, die den Klienten unnötig ‹klein› macht.

4) Weitgehende *Schonung von Loyalitäten*, die der Klient seinen Angehörigen gegenüber empfindet

Es ist in der Regel der Mühe wert, ein (Ver-)Schweigen eines Klienten nicht gleich als – neurotischen – Widerstand zu sehen oder gar zu deuten. Wenn man die sehr verständlichen Aspekte von Solidaritätsgefühlen und Loyalitäten hervorhebt und zeigt, daß Angehörige nicht einseitig gesehen und eingestuft werden, führt dies oft rascher zu größerer Offenheit als ein Aufgreifen im Sinne des Widerstandes. Dasselbe gilt für forsche Aufforderungen zu absoluter Offenheit bei Familientherapien (Guerin 1983) oder im Psychodrama (Leutz 1974) und Märchenspiel (Franzke 1985).

B) Behandlungsförderliche **Faktoren bei tiefenpsychologisch orientierten,** einsichtsvermittelnden **Einzel- und Gruppentherapien**

1) Eine *trieb-* bzw. *impulsfreundliche Haltung des Therapeuten* (Freud 1967, Schultz-Hencke 1951)

Eine derartige Haltung erleichtert das Zulassen, die Mitteilung und somit auch das Erkennen von sonst unterdrückten, auch verdrängten Regungen. Somit werden diese einer Durcharbeitung zugänglich gemacht und die künftige Steuerung der zugehörigen Funktionen angebahnt.

2) *Kein Auf-* oder gar *An-greifen von Ideologien* und Wertungen des Klienten

Apostolische Haltungen (Balint 1957) des Therapeuten wecken unnötigen Widerstand des Klienten, führen zu rechthaberischen (Gegenübertragungs-) Tendenzen (Schultz-Hencke 1951) und belasten die Beziehung zum Klienten. Dies umso mehr, wenn ein Mangel an ‹gemeinsamer Wellenlänge› dem Patienten als neurotischer Widerstand interpretiert wird. Heigl (1954/55) empfiehlt, statt Ideologien anzugehen, lieber mit der Durcharbeitung der Arbeitsstörungen des Klienten zu beginnen, die in der Regel weniger narzißtisch besetzt sind.

3) *Vermeidung von* allzu *früh-* bzw. *vor-zeitigen* und *zu tief gehenden Deutungen* und Interpretationen

Wenn das Ausmaß des vom Klienten derzeit Annehmbaren überschritten wird, kann der/die Betreffende nur ausweichen, blockieren und im Extremfall die Behandlung abbrechen. Freuds (1967) Anregung, von der Oberfläche (also der Realität) her zu arbeiten ist nach wie vor gültig. Schultz-Hencke (1951) weist darauf hin, daß die vom Klienten selbst im Sinne eines ‹Tertium comparationis› gewonnenen Einsichten höchsten Evidenzcharakter haben und somit am besten weiter auszubauen sind.

4) *Berücksichtigung der Leidensdruckbalance*

Durch ein Hervorheben der aktuell hinderlichen Fehlhaltungen und Fehlverhaltensweisen wird der primäre Leidensdruck erhöht, da die Mangelfunktionen erlebbar gemacht werden. Dies sollte zu einer gesteigerten Motivation führen, Bewältigungsmöglichkeiten zu suchen und zu entwickeln. Wird die Belastung aber zu groß, dann sind eher zunehmende Widerstände oder Resignation zu erwarten. Bei Zentrierung auf die Psychogenese, also auf Umstände die in der (frühen) Kindheit eingewirkt haben, kann dagegen das Selbst-Verständnis für das So-Geworden-Sein geweckt und verstärkt werden. Somit wird der Druck durch das Erleben der eigenen Unzureichlichkeit, des Fehlens geeigneter Bewältigungsformen (= primärer Leidensdruck) gemildert. Eine jeweils erträgliche und therapiebegünstigende Gleichgewichtsverteilung zwischen (Selbst-)

Verständnis einerseits und die Mangelfunktionen spiegelnder ‹Konfrontation› andererseits ist nach Ahlbrecht (1965) anzustreben und entsprechend zu dosieren.

C) Bei **Gruppenpsychotherapien** kommen zu den bisher angeführten Faktoren weitere behandlungsbegünstigende Momente dazu

1) Ein *ruhiges Entwickelnlassen von Bekanntheit bis Vertrautheit* der Gruppenteilnehmer untereinander

Ein ‹Diktat› einer Schweigepflicht durch den Gruppenleiter ist oft weniger günstig als ein Eingehen auf den Grad der Vertraulichkeit, den gerade diese Gruppe wünscht und braucht. Eine verläßliche Atmosphäre hinsichtlich des Nicht-Hinaustragens von ‹Erlebnis-Material› aus der Gruppe entsteht nicht durch Ge- oder Verbote. Ein Verschweigen in der Gruppe sollte anfangs kaum je als Widerstand angesehen oder gar gedeutet werden, sondern eher als Zeichen von Loyalität gegenüber Bezugspersonen, deren Privat- und Intimsphäre ebenso wertvoll ist, wie die der Gruppenteilnehmer. Durch die verständnisvolle Handhabung der Loyalitätsfragen (Guerin 1983) wird der Übergang in die sogenannte Regressionsphase (Battegay 1967) erleichtert.

2) Der *Therapeut* sollte möglichst *aus* der *Beta-Position* (Schindler 1957/58) heraus *intervenieren*

Voraussetzung dafür ist, daß die Ich-Strukturen der Teilnehmer eine überwiegend einsichtsvermittelnde Psychotherapie erlauben. Heigl-Evers (1966) hat in anschaulicher Weise Vorschläge gemacht, wann der Gruppentherapeut aus guten Gründen sein Verhalten in Richtung auf andere Positionen verändern soll. Bei Kontakt- und Übungsgruppen kann dies durchaus eine Alpha-stellung sein; zum Schutz eines Gruppen-Omegas kann es nötig werden, daß der Therapeut selbst (kurzzeitig) die Position des ‹Schwarzen Schafes› andeutungsweise übernimmt. Der dauernde Verbleib eines Gruppenmitgliedes in der Omega-Stellung führt leicht zum Herausfallen des Betreffenden aus der Gruppe, kann auch suicidale Tendenzen aufkommen lassen oder verstärken. Bei Auflösungstendenzen oder Institutionalisierung der Gruppe kann auch einmal die Position des ‹Gruppengegners› vom Therapeuten einzunehmen sein. Die verschiedenen Gamma-positionen sollten in entsprechend indizierter Form bei passender Gelegenheit bevorzugt werden. Mit Rücksicht auf die Wichtigkeit dieser Fragen und den begrenzten Raum muß auf die Originalarbeiten dringend verwiesen werden.

3) *Ermunterung zum* gemeinsamen *‹exakten Durchphantasieren* und Durcharbeiten› (Hau 1965–1968)

Dabei sollen Exaktheit einerseits und die Freiheit der Phantasie andererseits nicht als Gegensätze gesehen werden, sondern als notwendige Pole zum Erreichen tiefgehender Einsichten in eigene psychische Vorgänge und Funktionen. Einem: «Was kann denn noch alles eine Rolle spielen?», also dem Sammeln jedweder Einfälle, folgt erst später eine Auslotung der Inhalte und eine Betrachtung ihrer Relevanz. Dabei ist darauf zu achten, daß die Einfälle und auch die in der Gestaltungstherapie möglichen (Probe-)Handlungsansätze nicht nur dem ‹Brain-Storming› des Ideensammelns in der Industrie entsprechen. Es ist vielmehr ein ‹Brain-, Heart- and Gutt-Storming› anzustreben, das durch ausgesprochene Erlebnisnähe Stimmungen, Affekte und Gefühlsäußerungen besonders berücksichtigt. Im günstigen Fall kann das exakte Durchphantasieren zu einem positiv erlebten, das Selbstwertgefühl der Teilnehmer hebenden und aufschlußreichen, sehr ernsthaften ‹Spiel› werden.

Nun zu den Beispielen unter besonderer Berücksichtigung kreativer Arbeitsweisen.

Die Publikation aller Bilder des zugrundeliegenden Vortrages würde den finanziellen Rahmen der Gesamtpublikation sprengen. Im folgenden werden daher nur drei Beispiele – möglichst erlebnisnahe – geschildert und zu den oben beschriebenen behandlungsbegünstigenden Faktoren in Beziehung gesetzt (s. Angaben in Klammern).

1) **Verbale Gruppenarbeit mit Träumen**

In der sehr einfühlsamen und kreativen Gruppenarbeit mit Träumen von Ullman (1981) wird zum Schutz der Integrität des Träumers und seiner Loyalität gegenüber Angehörigen in folgender Weise vorgegangen. (Dabei ist zu beachten, daß die Darstellung – ungebührlich – kurz gefaßt ist.)

a) Ein *Gruppenteilnehmer bietet* freiwillig an, einen *Traum* der vergangenen Nacht mit der Gruppe zu ‹teilen› (to share with ...). Jeder Gruppenteilnehmer schreibt den in Gegenwartsform langsam erzählten Traum mit (im Wissen, daß alle Aufzeichnungen am Ende der Gruppensitzung dem Träumer zu übergeben sind! A 4, C 1)
b) *Komplettierende Fragen zum Trauminhalt* sind möglich, wobei der Therapeut dafür sorgt, daß keine ‹Deutungen› eingeschmuggelt werden. So ist es z.B. in einem Patiententraum, in dem der Träumende neben einer anderen Person durch einen langen Korridor geht, *nicht* statthaft zu fragen: «Könnte es deine Mutter sein, die neben dir geht» oder auch: «geht die Person links oder rechts von dir?». Dagegen aber sind Formulierungen wie: «Kannst du zur Person, die neben dir geht, noch etwas sagen?», «weißt du etwas über die Länge des Korridors?» oder auch: «wie waren die Lichtverhältnisse?» zulässig. (s. A 4, B 3, C 1 und 3). Der Träumer soll sich nicht anstrengen, um Antworten zu finden, vor allem nichts nachkonstruieren.
c) Nun *‹macht jeder Teilnehmer den Traum zu seinem eigenen›* und versucht dabei, vorzugsweise Gefühle, Affekte und Körperempfindungen im Laufe des ‹Durcherlebens› des Traumes bei sich wahrzunehmen. Anschließend werden die persönlichen Empfindungen in der Gruppe mitgeteilt. Dem Träumer bleibt es überlassen, ob er sich Aufzeichnungen machen möchte oder nicht. Er hört sich die Schilderungen der anderen Teilnehmer als *deren* Erlebnisberichte an. Die Ähnlichkeit zum Prozeß des Sharing nach einem Psychodrama (Leutz 1974, Moreno 1959) ist offenbar. (s. A 2, B 1 und 3 sowie C 1 und 3).
d) Die *Traumdetails* werden anschließend der Reihe nach *durchgearbeitet,* indem Synonyme, Zeichen, Allegorien, Symbole und persönliche Assoziationen gesammelt werden. Man diskutiert dann die Details in ihrer Eigenschaft

als ‹Metaphors› (am ehesten wohl korrekt mit ‹Bedeutungsträger› zu übersetzen), ohne sie mit dem Träumer in zwingende Verbindung zu bringen. Dieser kann auch jetzt zuhören, ihn interessierende Aspekte notieren oder auch eigene Ideen und Einfälle einbringen. (s. A 2, 3 und 4, B 2 und 3 sowie C 1 und 3).

e) Jetzt *nimmt* der *Träumer in* dem *von ihm gewünschten Ausmaß Stellung* zu dem bisherigen Bearbeitungsprozeß. Es genügt völlig, wenn er den Gruppenteilnehmern für ihre Beiträge dankt und anschließend deren Aufzeichnungen bekommt. Er allein bestimmt, welche Abschnitte und Aspekte er aufgreifen, diskutieren und eventuell mit sich selbst in Beziehung setzen möchte. Gerade dieses Überlassen führt bei den oft über Jahre geführten Traumgruppen zu einem hohen Maß an Offenheit und Freimütigkeit. (s. A 1 bis 4, B 2, 3 und 4 sowie C 1, 2 und indirekt auch 4).

f) Wenn der *Träumer* möchte, kann er *Tagesreste* erwähnen, die er im Zusammenhang mit seinem Traum sieht. Er kann auch die Gruppenmitglieder dazu ermuntern, daß sie aus ihrer Kenntnis seiner Person und des Gruppengeschehens Anregungen und Auffassungen mitteilen. Tagesreste sind in diesem Sinne natürlich nicht nur, was vor dem Traum stattgefunden hat und somit auf ihn mit eingewirkt haben mag, sondern ebenso Dinge, die der Träumer im Hinblick auf die nächste Zukunft erwarten kann. Es kann sich dabei um ein bevorstehendes Examen, eine gefürchtete oder ersehnte Begegnung, auch um mehr oder weniger realistische Wünsche handeln. (s. A 1 bis 4, B 2 und 3 sowie C 1 bis 3).

Ullman (1981) sieht diese Art der Gruppenarbeit mit Träumen nicht in erster Linie als eine Behandlung psychogener Störungen, sondern breiter als eine Möglichkeit für alle, die für ‹Mitteilungen und Anregungen aus den eigenen Träumen› offen sind. Während der ganzen Arbeit wirkt der Therapeut zumeist als Moderator, fördert die Gruppenbeiträge in amplifizierender und nicht wertender Weise. Selbst liefert er möglichst keine Aussagen, die normbildend wirken könnten. Er befindet sich also zumeist in der Beta-Position nach Schindler (1957/58) und regt damit zu eigenständiger Gruppenarbeit an. (s. C 2). Aus eigener Erfahrung mit Patienten- und Psychotherapieausbildungs-Gruppen möchte ich aber hervorheben, daß das eben beschriebene subtile Vorgehen oft überraschend schnell zu einer vertrauensvollen Atmosphäre beiträgt (s. C 1) und somit zu einer offenherzigen Zusammenarbeit führt.

2) **Verwendung von Einzelgestaltungen in** einer, bzw. für eine **Gruppe**

Eine Einführungsgruppe in ‹Kreative Arbeitsweisen› bestand aus 7 Frauen und 5 Männern im Alter zwischen 30 und 60 Jahren. Es handelte sich um überwiegend psychotherapeutisch tätige und interessierte Ärzte und Psychologen aus Deutschland (8), Schweiz (2), Österreich (1) und Schweden (1). Insgesamt waren innerhalb einer Woche sechs Treffen von je etwa drei Stunden vorgesehen. Wie immer bei zeitbegrenzten Gruppenarbeiten machte ich die Teilnehmer zu Beginn darauf aufmerksam, daß niemand mehr von sich sagen solle, als ihm selbst richtig und tragbar erscheine. Danach gab ich der Hoffnung Ausdruck, daß andererseits genügend relevantes ‹Erlebnismaterial› eingebracht würde, damit die Gruppenarbeit für den Einzelnen fruchtbar werden könne, sei es im Sinne von Therapie, sei es zur Vermittlung der Arbeitsweise in der Form von Selbsterleben. Abgesehen vom Informationscharakter beinhaltet diese Einleitung einen Appell an das Ich jedes Teilnehmers und berücksichtigt sein eigenes Tempo und seine Loyalitäten (s. A 1–4). Sie versetzt die Teilnehmer in eine Wahlsituation (s. B 4), gibt Zeit und Gelegenheit für die ruhige Entwicklung einer Vertrauensbasis (s. C 1) und wirkt zudem nicht selten wie eine ‹paradoxe Intention› (s. C 3). Von einer therapeutenveranlaßten Schweigepflicht sehe ich ab (s. C 2) und lasse das für die Arbeit notwendige Dichthalten der Gruppe bei auftauchenden Unsicherheiten von den Gruppenmitgliedern selbst ausformen (s. A 2, B 2).

Am Ende der ersten, locker geführten Gruppensitzung, in welcher sich die Teilnehmer mit kleinen Szenen von der Anreise spielerisch bekanntgemacht und das vorhandene Zeichen-, Mal- und Modelliermaterial angesehen hatten (s. A 3, 4, B 1–3 und C 1, 2), gab ich – diesmal – folgende Anregung: «Wenn jemand von Ihnen Lust dazu hat, können Sie zum morgigen Treffen eine Skizze, eine Zeichnung, eine Malerei oder eine kleine Skulptur, aber bitte kein ‹Kunstwerk›, mitbringen und dies, wenn Sie wollen, der Gruppe zeigen.

Zur nächsten Gruppensitzung brachte eine etwas über 50 Jahre alte Kollegin, die schon während des ersten Treffens sehr engagiert und realistisch mitgemacht hatte, ein Wasserfarbenbild mit (vgl. farbige Abbildung auf dem Umschlag).

Auf meine Frage, ob die Kollegin zur Entstehung des Bildes etwas mitteilen könne (s. A 2, 4, B 1, 4 und C 2), sagte diese bereitwillig: «Als ich gestern nach der Gruppe am Seeufer entlang ging, war ich zum ersten Male seit vier Monaten wieder froh. Ich sah einen Luftballonverkäufer und das erinnerte mich an meine Kindheit, wo wir manchmal bei Festen Luftballons mit Kärtchen, mit so kleinen Botschaften und Adressen, hochsteigen ließen. ‹Das kannst du gut malen und morgen mitbringen›, dachte ich mir.»

Im Einverständnis mit der ‹Gestalterin› lud ich die Gruppe ein (s. A 1, 2, B 1 und C 3), zu beschreiben, was jedem auffalle, wo Details interessant seien oder Fragen auftauchten. Die ‹Malerin› könne sich die Bildbeschreibungen der anderen anhören. Die ‹Dinge›, die in das Bild hinein-, bzw. aus ihm heraus-gesehen würden, hätten mit Sicherheit etwas mit dem jeweiligen Betrachter zu tun, müßten aber keineswegs für sie selbst gültig sein (s. A 3, 4, B 2–4 sowie C 1, 2).

An dieser Stelle sei jetzt dem Leser (wie beim Vortrag dem Auditorium) Gelegenheit gegeben (s. C 3), selbst das Bild und seine Details einfach zu *beschreiben*. Dabei sollte man verschiedene Möglichkeiten im Hinblick auf die Überdeterminierung von Einzelheiten ins Auge fassen (s. A 2), jedenfalls aber nicht nach Erklärungen suchen oder gar vermutete Zusammenhänge deuten (s. B 3). Gerade Fachleuten fällt es schwer, berufsgefärbte und theorieverankerte Auslegungen vorerst hintanzustellen und statt dessen schlicht aufzuzählen und festzuhalten, *was* man sieht. Wer an einem ‹Stückchen› Selbsterleben interessiert ist, möge sich hier also ein paar Minuten Zeit nehmen oder gönnen, um eigene Eindrücke und Assoziationen zu sammeln, ohne diese dem Bildgestalter zuzuschreiben (s. A 1–3, B 2–4 und *C 3*).

Jedesmal, wenn ich das Bild (mit Erlaubnis der Gestalterin) zum Einfällesammeln vorgelegt habe, sind neue und weitere Aspekte und Möglichkeiten aufgetaucht.

«‹Ich sehe eine Landschaft, rechts ist ein Berg.›
‹Das rechts könnten auch Büsche sein.›
‹Ja, und links ist das Meer ... mit Wellen.›
‹Links sehe ich einen Acker, eine umgepflügte Wiese.›
‹Und in der Mitte eine glatte Straße.›
‹... auf der sich ein Sonnenuntergang spiegelt.›
‹Es sind zehn Luftballons.›
‹Der Junge läßt sie froh aufsteigen.›
‹Sieht eher aus als flögen sie ihm davon.›
‹Als wolle er sie zurückrufen.›
‹Wieso Er? Müßte doch ein Mädchen sein.›

Die Kollegin bezieht sich also auf die Gestalterin und *denkt* richtig. Möchte offenbar lieber diskutieren als sich einbringen.

‹Die Figur steht garnicht richtig auf den Füßen.›
‹Nur auf den Fersen.›
‹Wenn das übrige Bild nicht wäre, würde ich sagen: sie liegt.›
‹Der Hals ist ganz dünn, der Kopf sitzt lose.›
‹Für mich ist links von der Figur Wiese und rechts Wasser.›
‹Was soll dann das Rote im Wasser sein? Blut?›»

An dieser Stelle schlägt die Kollegin die Hände vor's Gesicht und flüstert: «Nein, nein, nicht wieder!» Sie wirkt stark berührt, ja erschüttert. Die Gruppenteilnehmer sind ob dieser unerwarteten Reaktion sprachlos, wie gelähmt. Nach einem teilnahmsvollen Schweigen rege ich die Teilnehmerin dazu an, von dem hervorgebrochenen Erleben zu berichten, falls sie dies in der Gruppe könne und wolle (s. A 2–4, B 1–4 sowie C 2 und 3). Die Kollegin spricht mit leiser aber klarer Stimme: «Ich war ganz in meiner Kindheitserinnerung gestern. Das rechts im Hintergrund sollen die (rosa) blühenden Kastanienbäume am anderen Ufer der Bucht sein, das in der Mitte Wasser und links Wiese und Erde. Als dann aber jemand sagte, der Kopf sitze lose und im Wasser könne Blut sein, da war alles wieder da! ... Mein Mann verunglückte auf einer Dienstfahrt vor 4 Monaten, rutschte mit dem Wagen auf eisiger Fahrbahn gegen einen verbogenen, frei herausragenden Eisenträger, der an der Flußmauer vor dem Hinabstürzen schützen sollte. Dieser trennte ihm den halben Hals ab, ehe er ins Wasser fiel. Er muß noch gelebt haben, weil man bei der Obduktion Wasser in den Lungen fand ... Daß da so viel davon mit in das Bild gerutscht sein kann, wo ich doch nur an die schöne Kindheitserinnerung dachte ...?!»

Die Teilnehmer waren ebensosehr berührt und bewegt wie der Therapeut. Nach einer Weile meinte der Teilnehmer aus der Schweiz einfühlend: «Da könnten die Luftballons Seelenanteilen entsprechen. Bei uns gibt es den Glauben, daß der Bauer nach seinem Tod noch einmal durchs ganze Haus geht und dann seine Seele durch das immer offene Fenster am Giebel, gleich unter dem Dachfirst, zum Himmel schwebt.»

Die Gestalterin meint nach eingehender Betrachtung der Ballons: «Das kann für mich nicht ganz stimmen. Ja, blau, grün und gelb, das hätte gepaßt, denn mein Mann war ein sehr klar denkender, phantasievoller Mensch, auch naturliebend und hatte viel Energie, aber ein hitzig-blutvolles Rot, das hatte er nicht» ... und setzt nach kurzem ‹In-sich-hineinhorchen› fort: ... «die Ballons könnten eher meinen Kindern entsprechen. Zwei sind fertige Ärzte, meine Tochter studiert noch und mein jüngster Sohn macht demnächst sein Abitur und zieht dann zum Medizinstudium fort.» Etwas nachdenklich fügt die Kollegin hinzu: «Dann stimmt ja auch, was ihr in der Figur gesehen habt, daß sie zugleich froh über das Fliegenkönnen der Ballons ist und sie auch gerne wiederhaben würde.»

Der Psychiater aus Schweden ist beunruhigt und flüstert mir zu, man müsse der Kollegin helfen, nicht in eine Depression zu gleiten. Ich bedeute ihm durch eine Geste, daß er selbst einen Versuch machen könne. Er sagt zu ihr: «Wie kann ich, oder wir, Ihnen helfen oder beistehen? Was könnten Sie tun, wenn Sie bald allein sein werden?» Zur Überraschung aller antwortete die Kollegin: «Das habe ich schon geklärt. Deshalb bin ich auch hier in dieser Einführungsgruppe. Ich werde in einem Sanatorium mit psychosomatisch Kranken arbeiten und möchte dabei gerne kreative Arbeitsweisen mit zur Behandlung verwenden».

Im weiteren Gruppengespräch berichtete die Kollegin unaufgefordert aus ihrer Kindheit und von ihrem Wirken als junge Ärztin und innerhalb ihrer Familie. Sie vermittelte dabei das stimmige Bild einer tüchtigen, verläßlichen und warmherzigen Frau und Mutter, die sich auch in schweren Krisen des Lebens (Kriegsende, Besatzungserlebnisse) immer rasch gefangen und voll bewährt hat.

Die Gruppenarbeit der weiteren 4 Tage wurde durch das starke gemeinsame Erlebnis bei optimaler Gruppenkohäsion (s. C 1 und 3) erleichtert und vertieft.

3) **Gruppengestaltungen**

Statt einer Darstellung einer *verbalen Gruppengestaltung*, nämlich dem Erfinden eines ‹Gruppenmärchens›, muß aus Raumgründen auf ein diesbezügliches Beispiel in einer früheren Publikation: Märchen und Märchenspiel in der Psychotherapie (1985, S. 53–61) hingewiesen werden.

Dagegen soll ein *Teil eines Gruppenmalens* beschrieben werden, das aus einer Gruppenarbeit stammt, in welcher gelegentlich kreative Arbeitsweisen (Rollen- und Märchenspiele, ‹Pantomime› (Horetzky 1963), Bildnereien und auch verbale Gestaltungen) zur Anwendung kamen. Die Indikationen dazu waren u. a. das Bedürfnis nach Konkretisierung, Möglichkeiten des Probehandelns auf spielerischer oder allegorischer Ebene, aber auch Situationen von Stagnation und mangelndem ‹therapeutischem Gefälle› in der Gruppe.

Das Beispiel soll die weite Skala von Ich-Stärkung bis Ich-Stützung anschaulich machen.

Die insgesamt 13 Teilnehmer der Gruppe sind aus einer Stagnationsphase heraus leicht dazu anzuregen, ein gemeinsames Gruppenmalen zu versuchen.

Als Malfläche wird (diesmal auf Tischen) ein kräftiges helles Packpapier (die rauhe Seite) angeboten. Die Größe wird auf etwa 2,20 mal 1,50 m beschränkt, um Interaktionen zu begünstigen, bzw. notwendig zu machen. Die Stühle hatte ich entfernt, um einer festen Sitzordnung entgegenzuwirken. Es standen Fingerfarben, Fettkreiden, Wasser- und Plakkafarben inklusive verschieden dicker Pinsel sowie formbar bleibende Modelliermasse zur Verfügung. Als Anregung gab ich bei dieser Gelegenheit: «Während des Malens soll nicht gesprochen, keine artikulierten Worte verwendet werden. Dagegen sind Laute, Schreien, Gesten und Grimassen willkommen ... auch Stupsen. Das Thema lautet: ‹Dies ist der uns zur Verfügung stehende Raum› ... oder, wenn es jemand poetischer haben möchte: ‹Meine Welt – Unsere Welt›. Das ist alles.»

Hier soll nur eine Szene herausgegriffen werden: Eine etwa 30jährige Frau steht links von einem etwa fünf Jahre jüngeren Mann. Die Frau malt nahe der Blattmitte eine hellgelbe ‹Sonne›. Unabhängig davon ist der junge Mann bald in das ‹Wachsenlassen› eines kräftigen Baumstammes in sattem Braun vom Blattrand her vertieft. Unter Beimischung von etwas roter Fingerfarbe hebt die Frau den ‹Sonnenrand› hervor, wodurch deren Zentrum noch leuchtender wird. Ihre Hand kommt in ein regelmäßiges, ‹nicht-enden-wollendes› Kreisen und die Malerin ist ganz versunken in ihre eigene Bewegung (ihr eigenes ‹Bewegt-Sein›?!). Der junge Mann hat inzwischen die rechte Baumhälfte fertig gemalt, beginnt dann mit der linken und bemerkt erst dann, daß sein linker Hauptast genau auf die Sonne zugeht. Er stutzt, zögert eine Weile, gibt sich gleichsam einen Ruck und zieht mit seiner Hand voll dunkelbrauner Farbe über einen Teil der Sonne hinweg.

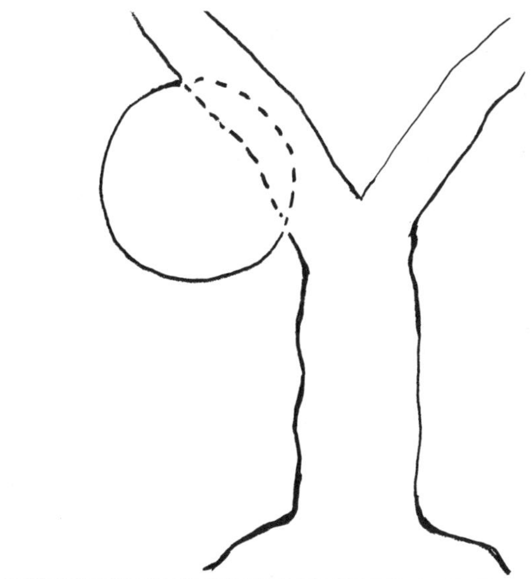

Skizze 1

Die Teilnehmerin (S) hat vom Zögern ihres Nachbarn (E) nichts bemerkt, ist zuerst völlig perplex, fängt sich dann und nimmt Gelb auf ihre Finger und übermalt etwas mehr als die Hälfte der Astdicke mit ihrer ‹Sonne›.

E: schüttelt überrascht den Kopf und bedeutet dann S, indem er auf die schmale Aststelle zeigt, daß der Ast abbrechen würde.

S: zuckt im Sinne von ‹was kann ich dafür?› mit den Schultern, geht noch einmal in ihre runde Bewegung und führt so E die Ganzheit ihrer Sonne vor.

E: wartet etwas ab. Es arbeitet deutlich in ihm. Schließlich macht er mit einem raschen braunen Strich seinen Ast wieder heil.

S: schüttelt irritiert den Kopf und komplettiert rasch und nachdrücklich die Sonne.

E: ergänzt jetzt sofort und kraftvoll seinen Ast.

S: blitzt E mit einem scharfen Blick böse an. Bedeutet ihm mit dem Zeigefinger vor seinem Gesicht: ‹So geht das nicht!› und malt die Sonne wieder rund.

E: kratzt sich hinterm Ohr und versucht es dann mit ‹Verhandeln›. Er zeigt auf die Sonne und deutet diese mit der weit von sich gestreckten Linken an. Dann weist er mit der Rechten auf den Baum und läßt den linken Hauptast ganz nahe vor seinem Gesicht weit vor der Sonne vorbeiziehen. Durch Wiederholung dieser Bewegung macht er S klar, daß ihre Sonne weit weg ist und rund bleibt, während sein Ast ganz im Vordergrund ist und ihre Sonne nur ver- aber keineswegs über-deckt.

S: sieht sich seine Gesten an, nickt auch zum Zeichen, daß sie seine ‹Argumente› verstanden habe, zeigt aber dann auf die Malerei und macht ihm durch ein Kreisen über ihrer Sonne klar, daß diese auf dem Bild rund und ganz sein müsse. Dann überdeckt sie die halbe Astbreite wieder mit Gelb.

E: schüttelt den Kopf mit einem Ausdruck: ‹Wie ist das möglich! Sie versteht meine logische Erklärung und beharrt dann doch auf der runden Sonne?› Er richtet sich entschlossen auf (es sah aus als ‹ermannte› er sich) und deckt das Sonnensegment mit brauner Farbe.

Nun setzt sich das gegenseitige Übermalen unter zunehmenden gegenseitigen Affektäußerungen eine ganze Weile fort, bis S keine Farbe mehr hat. Sie hatte ja zum Überdecken des dunklen Baumes viel mehr Gelb benötigt, als er zum Übermalen der hellen Sonne.

S: merkt selbst das Zu-Ende-Gehen der Farbe erst, als sie nichts mehr aus der kleinen Plastikdose herauskratzen kann. Für eine Kommunikation mit E ist es nach dem bisherigen Prozeß viel zu spät. Sie läßt beide Hände sinken und tritt einen halben Schritt zurück.

E: malt nun ungestört seine linke Baumseite und bemerkt gar nicht, daß S keine Farbe mehr hat.

S: stellt den leeren Farbbehälter weg, steht mit gesenktem Kopf da, schaut nur noch mit einem ‹müden halben Blick› manchmal auf die Gruppenmalerei und hat offenbar resigniert.

Falls jetzt der Therapeut einwirken möchte, hat er eine ganze Reihe von Möglichkeiten, die ihm richtig erscheinende Verteilung von Ich-Stärkung und Ich-Stützung zu wählen. Allerdings kann er bei jeder Intervention jeweils nur ein ‹Mischungsverhältnis› anwenden, wenn man den Grad Ich-Stärkung und Ich-Stützung im Sinne des – skizzierten – Ergänzungsmodells sieht.

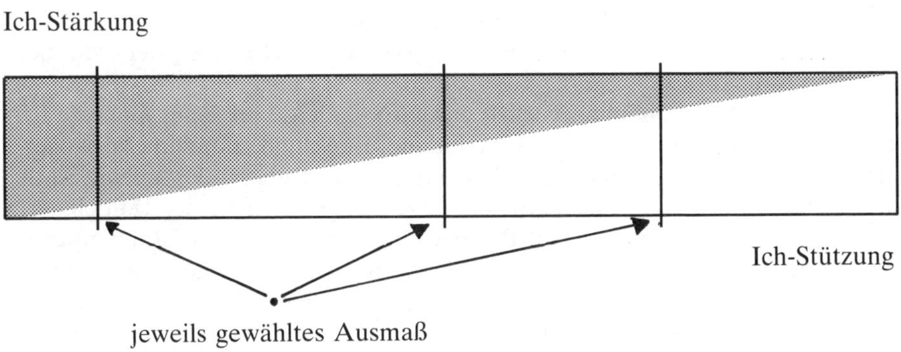

Obwohl es mir in privaten Situationen entsprochen hätte, so war es doch unvereinbar mit der Rolle des Gruppentherapeuten E zu bedeuten, daß er S die ‹Sonne lassen solle›, den linken Hauptast etwas höher ansetzen könne oder gar ihn als ‹den Stärkeren› wegzudrängen.

Abgesehen vom Einfluß eines derartigen Eingreifens auf E und den ganzen Gruppenprozeß, wäre dadurch auch die Unterlegenheit und Hilflosigkeit von S unterstrichen worden.

Ich ließ also dem Gruppenvorgang seinen Lauf und versuchte Kontakt mit S aufzunehmen. Meine Absicht war, mit möglichst wenig, aber genügender Ich-Stützung auszukommen. Ich stellte mich neben sie und sagte, um ihr zu zeigen, daß ich ihre Situation bemerkt hatte, mit leiser Stimme: «Ihre Farbe ist ausgegangen».

S: nickt ein ‹Ja›.
Th: «Da ist nichts zu machen.»
S: schüttelt stumm den Kopf.
Th: seufzt halblaut: «Ja dann ...»
S: steht unverändert mit hängendem Kopf und Armen da.
Th: «Hm! ... Wenn's noch Farbe gäbe ...»
S: Horcht auf, fängt an sich umzusehen, findet am gegenüberliegenden Fensterbrett weitere Fingerfarbdosen, holt sich eine mit Gelb und der ‹Kampf› mit E geht weiter.

Auf die Darstellung des weiteren Verlaufes und seiner anschließenden verbalen Durcharbeitung in der Gruppe möchte ich hier verzichten. Statt dessen sollen weitere, in zunehmendem Grade stützende (also Ichfunktionen ersetzende) *Interventionsmöglichkeiten* angeführt werden.

Hätte S auf das zuletzt gemachte ‹Angebot› nicht reagiert, wären folgende Formulierungen zu erwägen gewesen:

Th: «Sie gucken sich gar nicht um.» (Ansprechen auf ‹abgeschaltete› Wahrnehmung)
«Sie scheinen es aufgegeben zu haben.» (Hinweis auf Abgabe der Eigenverantwortlichkeit)
«Sie wollen (können) nichts mehr tun.» (Hinweis auf nicht zugänglichen Handlungsansatz)

«Es gibt noch gelbe Farbe.» (Ermunterung zum Suchen)

«Dort drüben steht noch eine Dose mit Gelb.» (Ersetzen der Wahrnehmungsfunktion).

Weiter könnte der Therapeut selbst die Farbe holen (und somit mehrere Ichfunktionen zugleich ersetzen: Wahrnehmung, Entschluß, Handlungsansatz und -durchführung). Falls er dann die Dose mit einem: ‹Bitte schön› hinhält, ist der Ich-Stützungs-Charakter noch etwas geringer, als wenn er sie der Teilnehmerin in die Hand drücken würde. Mit Rücksicht auf den aktionalen Gruppenprozeß sind in solchen Situationen Hinweise, die zur Reflektion anregen, nicht günstig, weil sie die Erlebnisintensität stören. So wurde in diesem Fall die korrekte und vertiefende, einsichtsvermittelnde Deutung: «Sie haben Herrn E gegenüber, obwohl er jünger ist als Sie, wie bei ihrem älteren Bruder gehandelt.» erst in der Nachbesprechung gegeben.

Anhand des eben geschilderten Beispieles sei noch einmal unterstrichen, daß jede überflüssige Ich-Stützung im Hinblick auf die oben beschriebenen, behandlungsbegünstigenden Faktoren folgende Auswirkungen haben kann:

Die Indikation ist weder sach- noch persönlichkeitsgerecht (A 1)

Die Selbstbeteiligung wird durch den Therapeuten vermindert (A 2)

Der ‹Verwöhnungsansatz› kann passivisieren und sogar narzißtisch kränken (A 3)

Die impulsfreundliche Haltung bekommt eine Beimischung von Helferhaltung (B 1)

Die Leidensdruckbalance wird in Richtung auf Schonung verschoben (B 4)

Die Vertrauensentwicklung in der Gruppe wird vom Therapeuten her erschwert (C 1)

Der Therapeut verläßt (unnötigerweise?) die Beta-Position (B 2)

Statt Anregung der Teilnehmer zum Durcharbeiten wird der Therapeut aktiv (B 3).

Abschließend möchte ich die Vorteile der Einbeziehung kreativer Arbeitsweisen (Franzke 1977, 1985) zumindest kurz wiederholen. Sie ermöglichen

1. das Angebot eines spielerischen, manchmal sogar lustbetonten Probierfeldes, das
2. vorerst nicht zu schwerwiegenden Folgen in der Realität führt. Somit sind
3. das Aufsuchen von Angstorten und die Versuche sie probeweise anzugehen leichter möglich.
4. Durch Aussagen auf bildhafter, spielerischer, allegorischer bis symbolischer Ebene werden Loyalitäten gegenüber Bezugspersonen geschont und narzißtische Kränkungen gemildert.
5. Statt einer einseitigen Zentrierung auf Fehlhaltungen und Mangelfunktionen wird eine Gewißheit von ‹Meine Individualität ist wichtig› *und* ‹Ich kann selbst etwas tun› vermittelt.
6. Kreative Aktivitäten knüpfen an Tätigkeiten der frühen Kindheit (Malen, Schmieren, Formen, Rollen- und Puppen-Spiele usf.) an. Damals gesetzte Verbote und Behinderungen können aufgehoben oder gemildert werden und die Impulse einer persönlichkeits- und situationsgerechten Steuerung zugänglich gemacht werden.

7. Bei kreativen Gruppenaktivitäten begünstigt zudem die Verstärkerwirkung der Gruppe (Battegay 1967) die Problem- und Situationsbewältigung.

Im Hinblick auf die Zunahme der sogenannten *Frühen Störungen* (Hau 1965–1968; Riemann 1964) ist es sicher am Platze, die ‹ich-schwachen› Patienten *nicht* allein ihre Angstorte in deren Realität aufsuchen zu lassen, wie das in der klassischen Psychoanalyse der Fall ist. In der klinischen Psychotherapie und innerhalb eines spielerischen Erlebnisfeldes ist das Probehandeln in einem relativ freien und zugleich schützenden Milieu möglich. Die Umsetzung in die harte Wirklichkeit gelingt nach einer derartigen Vorbereitung oft besser. Eine Legierung von Psychoanalyse mit anderen Verfahren wurde von Freud (1967) selbst für praktische Zwecke und zur Erweiterung der Indikationsbereiche vorhergesagt und u.a. im Vorwort zu Aichhorns Buch ‹Verwahrloste Jugend› (1965) unterstrichen.

In diesem kreativen Sinne habe ich anläßlich der Lübecker Psychotherapietage zum Thema: ‹Frühe Schäden – Spätes Leiden› ein an Eugen Roth angelehntes Gedicht verfaßt, wobei ich hier besonders den letzten Abschnitt uns Therapeuten ans Herz legen möchte:

Ein Mensch ..., zum Leben auserkoren,
das heißt: ganz ungefragt geboren,
wird lange Zeit bevor er denkt
erblich belastet und beschenkt.
Der Eltern- und Familienstil
bedeutet in der Folge viel;
da wird der Mensch gelenkt, geformt,
gebremst, ermuntert und genormt ...
und wenn er Glück hat, was es gibt,
als *der er ist*, geschätzt, geliebt.
Er wird erzogen, oft auch ver-...
und nach sechs Jahren findet er,
wenn's gut geht, seine Kernnatur
und hat sie, seine Grundstruktur.

Mehr oder weniger gerüstet,
ob er *nicht* mag, ob es ihn lüstet,
so kommen Schule, Lehrer, Freunde,
die ganze Sippschaft, erste Feinde,
Pfadfinder oder Sportverein
und wirken auf den Menschen ein.
So nach und nach erwartet man,
daß er entscheiden, wählen kann,
auch denken, spüren, fühl'n und so ...
das alles! ... Und dazu noch froh.

Mit fünfzehn, zwanzig, dreißig Jahren
hat schließlich jeder Mensch erfahren:

‹Ich *kann* im Guten, *muß* im Bösen,
so, wie ich bin, Probleme lösen,
das früh Gelernte gut benutzen,
auf viel verzichten, auch ertrutzen,
allzu Gefährliches vermeiden,
infolge *früher Schäden leiden*.›

Bei vielen Menschen geht's im Grund
recht gut. *Die* bleiben auch gesund.
Für manche wird es mehr als prächtig,
die sind nicht selten niederträchtig.
Nicht wenige – wohl kaum entzückt –
sind schmerzen- und symptombedrückt
an Körper, Leib und Seele ... Ach:
vielleicht sogar charakterschwach.
Und so ein Mensch, wie er sich plagt,
was immer er auch tut und sagt,
es glückt ihm nichts, er schafft es nie!
Den schickt man dann in Therapie.

Was *das* bedeutet ist verschieden,
einmal wird dies, dann das vermieden,
eins angepriesen, stark empfohlen,
um zu entwickeln, nachzuholen.
Man überwache, übe, lerne
und finde seine Wesenskerne.
Da wird entspannt, vielleicht kuriert ...
‹persönlichkeitsumstrukturiert›.
Die Angebote, ja man staune,
sie folgen zwar nicht purer Laune,
so doch der Schule und Doktrin
und oft auch dem, was g'rade ‹IN›.

Im Hintergrunde fehle nie
das Wissen und die Theorie!
Jedoch sodann im Einzelfall,
da gelte ein für allemal:
«Am besten kommt der Mensch davon,
wenn man nach *Indikation*
die Arbeitsweisen für ihn wählt,
die ihm *das* bringen, was *ihm* fehlt.
D'rum, liebe Freunde, seid gescheit
und lasset allen Wertungsstreit
und helft dem Menschen – der wird froh sein –
zum individuellen So-Sein.»

Literatur- und Quellennachweis

Ahlbrecht, W.: (persönl. Mitt.). Inst. f. Psychoanalyse und Psychotherapie. Freiburg 1965.

Aichhorn, A.: Verwahrloste Jugend. Huber, Bern 1965.

Balint, M.: Der Arzt, sein Patient und die Krankheit. Klett, Stuttgart 1957.

Battegay, R.: Der Mensch in der Gruppe. Bd. 1 und 2, Huber, Bern 1967.

Cullberg, J.: (persönl. Mitt.). Stockholm 1975 und 1978.

Franzke, E.: Der Mensch und sein Gestaltungserleben. Huber, Bern 1977.

Franzke, E.: Märchen und Märchenspiel in der Psychotherapie. Huber, Bern 1985.

Freud, S.: Zur Einleitung der Behandlung. Ges. Werke, Bd. VIII, S. Fischer, Frankfurt/M. 1967.

Guerin, A.: Psychodrama und Familientherapie unter besonderer Berücksichtigung der Loyalität des Indexpatienten. Moreno-Inst. Überlingen 1983.

Hartmann, H.: Ich-Psychologie und Anpassungsproblem. Psyche *14*, 1960, 81.

Hau, T. F.: (persönl. Mitt.). Inst. f. Psychoanalyse und Psychotherapie. Freiburg 1965–1968.

Heigl, F.: Neurotische Arbeitsstörungen in der analytischen Psychotherapie. Ztschr. f. Psychosomat. Med. *1*, 1954/55.

Heigl-Evers, A.: Die Gruppe unter sociodynamischen und antriebspsychologischen Aspekten. In: Preuß: Analytische Gruppenpsychotherapie, München 1966.

Horetzky, O.: Das gezielte Pantomimenspiel in der Gruppenpsychotherapie, Topic. Probl. Psychoth. *4*, Karger, Basel/New York 1963.

Leutz, G. A.: Das klassische Psychodrama nach J. L. Moreno. Springer, Berlin 1974.

Moreno, J. L.: Gruppenpsychotherapie und Psychodrama. Thieme, Stuttgart 1959.

Riemann, F.: Die Struktur des Analytikers und ihr Einfluß auf den Behandlungsverlauf. In: Fortschritte der Psychoanalyse *1*, Göttingen 1964.

Schindler, R.: Grundprinzipien der Psychodynamik in der Gruppe. Psyche *XI*, 1957/58.

Schultz-Hencke, H.: Lehrbuch der analytischen Psychotherapie. Thieme, Stuttgart 1951.

Ullman, M. u. Zimmerman N.: Använd Dina Drömmar (Working with Dreams). Natur och Kultur, Stockholm 1981.

Wurmser, L.: (persönl. Mitt.). Fortbildungskurs in Psychiatrie. S:t Sigfrids Sjukhus, Växjö 1987.

Gruppenpsychotherapie und Narzißmus

Raymond Battegay

Die Gruppe ist das Milieu, in dem sich das Individuum, das menschliche Ich, in und mit seiner Selbstrepräsentanz, seinem Selbst (Kohut, 1971/1977), verwirklicht. In Abwandlung des Buber'schen (1936) Satzes «Der Mensch wird am Du zum Ich» können wir im Lichte der Gruppenpsychologie wie auch der General System Theory (von Bertalanffy, 1974) sagen, daß der Mensch am Wir zum Ich wird. Nur in seiner Art, mit Objekten in Beziehung zu treten, gibt sich das Wesen des Menschen kund. Wir beurteilen nie ein Individuum an sich, sondern stets, wie es sich in einem Beziehungssystem verhält und sich zu ihm stellt.

Im Unterschied zum Ich, das, von der Psychoanalyse her gesehen, die zentrale integrierende Instanz darstellt, die Innen- und Außenweltseindrücke assimiliert wie auch Signale von innen und außen abwehrt, um ein störungsfreies psychisches Funktionieren zu gewährleisten, ist das Selbst, wie es die neuere Selbstpsychologie sieht, jene Information oder Libido, welche dem Ich, aber auch dem Trieb- und Antriebsbereich des Es, dem die frühen Autoritätsinstanzen enthaltenden Überich und dem Soma die Information vermittelt, ein zur Subjektivität gehöriges Ganzes zu bilden. Das Selbst vertritt die erwähnten Instanzen wie auch den Körper mit der subjektiven und lustvoll erlebten Gewißheit, gestern, heute und morgen die gleiche Identität zu besitzen. Während das Ich weitgehend genetisch determiniert ist, muß das Selbst, mutmaßlich schon intra utero angeregt, vor allem aber in frühester Kindheit, in den ersten Lebensmonaten, durch mütterliche Wärme, Stimulation und das Offerieren von Gestalt-Kognitionsmöglichkeiten zuerst geweckt und erwärmt werden.

Wie in der frühesten Kindheit die Mutter-Kind-Symbiose grundlegend ist, so lebt als Grundmuster in jeder späteren Kontaktaufnahme diese Urbeziehung wieder auf, indem bei der erstmaligen Begegnung mit einem Objekt, trotz bereits bestehenden Objektrepräsentanzen, kein anderes Beziehungsmuster zur Verfügung steht, das für Interaktionen mit allen Objekten Geltung hätte. Es muß deshalb in der Phantasie wiederum – wie ehedem die Mutter-Kind-Symbiose – eine – narzißtische – Fusion mit dem Objekt eingegangen und angenommen werden, daß im Anderen ähnliche Vorgänge sich vollziehen wie in einem selbst. Eine solche fusionäre Beziehung ist, wenn sie in einem Mittelmaß erfolgt, ein durchaus normalpsychologisches Phänomen. Ist dem Menschen keine Fusion möglich, oder erfolgt sie übermäßig, so daß eine mehr oder weniger völlige – narzißtische – Abhängigkeit von den Objekten entsteht, dann erst wird sie zum psychopathologischen Symptom.

Narzißtische Beziehung als Basis der Gruppenbildung

Erfolgt eine Gruppenbildung, so kann sie also nur so geschehen, daß sich eine solche Ausdehnung des Selbst oder des Narzißmus – ich setze die Begriffe des

Selbst und des Narzißmus einander gleich – des Individuums auf das Objekt bzw., im Falle einer Gruppe, die Objekte vollzieht. Kommt es zu einer Gruppenbildung, so ist sie nicht anders möglich als durch die Ausdehnung des Narzißmus eines jeden Beteiligten auf zumindest einen Teil der oder alle Anderen. Diese fusionäre Beziehung unter den Mitwirkenden geht aber im allgemeinen nie so weit, daß die Phantasien der Mitglieder total gleichgeschaltet wären. Wäre dies der Fall, so wäre die rollendifferenzierte und wohlstrukturierte Gruppe zu einer gleichgeschalteten «Masse im Kleinen» entartet (Battegay, 1975), bei der die Einzelnen nicht mehr zu freier Erwägung fähig wären, sondern nur noch blind befolgten, was ein Führer ihnen befähle, oder wohin die Massengesetzmäßigkeiten sie hintrieben. Es wäre dann in der Gruppe eine übermäßige Fusion eingetreten, bei der eine gegenseitige Abhängigkeit entstünde und jegliche individuelle Verantwortung verloren ginge. Ist aber diese Fusionsbereitschaft in keiner Weise vorhanden, so besteht die Gefahr, daß eine Gruppenbildung nicht zustandekommt. Bei Schizophrenen, die sich gegenüber den Objekten nicht abzugrenzen vermögen, ist oft eine dermaßen intensive Abwehr gegen jegliche Begegnung, ein derartiger Autismus zu erkennen, daß eine Beziehungsaufnahme und damit auch jegliche Fusion in der Phantasie erschwert oder verunmöglicht ist. Dementsprechend haben es diese Kranken, wie ich bei der Gruppenpsychotherapie mit Schizophrenen beobachten konnte, auch schwerer als andere, mit Objekten in Beziehung zu treten (Battegay und von Marschall, 1987).

Die Erweiterung des Selbst um zwei oder mehrere Objekte bezeichne ich als die Bildung eines «narzißtischen Gruppenselbst» (Battegay, 1976), ein narzißtisches deshalb, weil das Selbst sich auf das Objekt/die Objekte ausdehnt, ein Gruppenselbst deshalb, weil zum eigenen Selbst nun das Gefühl für die und das Bild der Gruppe gehört.

Archaisches Verhaltensmuster in der Gruppensituation

Der Mensch stellt sich häufig vor, daß er nur ein je besonderer ist. In der Gruppenpsychotherapie habe ich indes gelernt, daß sich gewisse Verhaltensweisen der beteiligten Individuen in allen Arten von therapeutischen Gruppen wiederholen. So beobachte ich stets Mitwirkende, die sich, kaum sind sie in der Gruppe, irgendwie bemühen, in die Spitzenposition zu gelangen, während sich andere wiederum anstrengen, in eine Position der Schonung und der Unterordnung zu kommen. Ich spreche in diesem Zusammenhang von einer Urgruppenreminiszenz (Battegay, 1960), die wohl zu allen Zeiten in den Gruppen zu solchen reflektorischen Abläufen bei den Mitgliedern geführt hat. C. G. Jung (1967) würde in diesem Zusammenhang wohl vom Aufleben eines Archetypus sprechen. Wäre das Verhalten der Einzelnen in der Gruppe immer je spezifisch, könnten auch keine gruppendynamischen Gesetzmäßigkeiten festgestellt werden. Die gegenseitige narzißtische Einfühlung und die erwähnte Ausdehnung des Selbst auf das Objekt wären wohl schwerlich möglich, würde sich jedes Individuum in der Gruppensituation völlig andersartig verhalten. Dank dem archaischen Verhaltensbereich, der sich bei jedem Menschen, neben dem spezifisch eigenen zeigt, ist überhaupt eine Gruppen-Kohäsion möglich. Bei vollkommen individuiertem Verhalten der Beteiligten könnte es höchstens zu einer gegenseitigen Identifikation in der Gruppe kommen. Doch hält sie besser zusammen, wenn an der Basis eine fusionäre Beziehung besteht und erst auf deren Grundlage eine aktive Ich-Leistung der Beteiligten im Sinne der gegenseitigen Identifikation und schließlich eine bewußte Einordnung erfolgt.

Die fünf Phasen der Gruppenentwicklung

Wir sehen Gesetzmäßigkeiten des Ablaufs im Verlaufe von Gruppenpsychotherapien, die uns an die erwähnten kollektivtypischen, überindividuellen Gesetzmäßigkeiten gebunden scheinen. Ich habe fünf Phasen der Entwicklung einer jeden therapeutischen Gruppe beschrieben:

1. explorierende Kontaktnahme
2. Regression
3. Katharsis
4. Einsicht
5. sozialer Lernprozeß.

Naturgemäß treten nicht alle Mitglieder exakt zur gleichen Zeit in eine neue Phase ein. Es kann zu Entwicklungsverzögerungen oder -beschleunigungen bei den verschiedenen Teilnehmern kommen. Doch erfolgt eine gegenseitige Induktion der Mitglieder auf emotionaler und kognitiver Ebene, die aber nie nur von der aktuellen Situation abhängt, sondern immer auch von der angelegten Möglichkeit, die gezeichneten Entwicklungsstufen durchzugehen.

Während der *ersten Phase*, jener der *explorativen Kontaktnahme*, versuchen die Mitglieder, miteinander in Kontakt zu treten und zu erforschen, in welchem Maße es möglich ist, mit einem oder mehreren der Beteiligten ein «narzißtisches Gruppenselbst» zu bilden. Zu Beginn dieser Phase wird in der Regel nur der Leiter so erlebt, daß er ihnen zur Verfügung steht, und meistens vermögen alle Mitwirkenden mit ihm in eine narzißtische Verbindung zu treten. Nach und nach sind die Beteiligten aber in der Lage, ihren Narzißmus ebenso auf die anderen Mitglieder auszudehnen. Auf dieser Basis kommt es, wie angeführt, zu aktiven Ich-Leistungen, wie z. B. der gegenseitigen Identifikation, und schließlich, darauf aufbauend, zum freien Entscheid für die Beziehungsaufnahme zu dem/den anderen Objekt/en.

Die *nächste Phase* ist diejenige der *Regression*, in der die Mitglieder ein Thema vom Leiter zu erhalten wünschen, unterhalten und «ernährt» werden wollen. In dieser Phase machen die Mitglieder in ihrer Phantasie eine starke narzißtische Fusion durch. Auf der auf dieser Basis sich aufbauenden Ich-Leistungsebene regen sich jene multiplen und multidimensionalen Übertragungen, von denen Slavson (1950) spricht. Es kommt zu einer starken narzißtisch-fusionären Bindung, aber auch zu einer Übertragungsbeziehung zwischen den Beteiligten. Da die regressiven Tendenzen naturgemäß nicht oder zumindest nicht alle erfüllt werden, treten notgedrungen Frustrationsgefühle auf.

Darauf tritt die *nächste Phase* ein, jene der *Katharsis*. Es kommt zu einer Abreaktion von Aggressionen, zunächst gegen den Leiter, dann aber auch gegen Gruppenmitglieder und schließlich gegen Menschen und Institutionen der Außenwelt. Wir haben gelernt, daß zumindest das Agieren innerhalb der therapeutischen Situation (acting-in), aber auch das acting-out im engeren Sinne, außerhalb der therapeutischen Situation, wenn es wieder in die Gruppe eingebracht wird, als Objekt der Analyse gelten kann. Wir können in der Gruppenpsychotherapie, auch in der Gruppenanalyse, nicht ein Tabu gegen das Agieren aussprechen, wie es zeitweilig, z. T. auch heute noch, in der klassischen Psychoanalyse der Fall war oder ist.

Nach einigen Sitzungen, in denen eine Katharsis stattfindet, kommt in der Regel ein Mitglied nach dem anderen darauf zu fragen, weshalb es eigentlich die Lösung seiner Probleme vom Therapeuten erwartet, und warum es sich in einer solchen passiven Weise gebärdet.

Damit hat die *Phase der Einsicht* begonnen. Die Deutungen erfolgen nicht nur durch den Therapeuten, sondern auch durch die Assoziationen der anderen Mitglieder. Sie werden damit zu einer Art Hilfstherapeuten. Es wird in dieser Phase der Einsicht den Mitwirkenden ersichtlich, daß sie stets, auch in der Gruppe, zu narzißtisch-fusionären Erwartungen oder aber dazu neigen, in jeder neuen Situation alte gefühlsbetonte Erinnerungsbilder zu sehen (Übertragungen), und deshalb Lebensschwierigkeiten haben.

Einsicht bedeutet indes noch nicht, daß alteingeschliffene, ursprünglich neurotisch bedingte Verhaltensweisen sich ändern. In der fünften und *letzten Phase*, jener eines *sozialen Lernprozesses*, müssen daher alte, liebgewordene, d.h. narzißtisch überbesetzte Verhaltensweisen als anachronistisch erkannt und allmählich neue eingeübt werden. Dabei spielen Dekonditionierungs- und Neukonditionierungsprozesse mit eine entscheidende Rolle.

«Narzißtisches Gruppenselbst»

Wenn wir von Gruppenpsychotherapie und Narzißmus sprechen, so muß bedacht werden, daß ein Gruppennarzißmus als solcher nicht besteht, denn psychisches Erleben vollzieht sich nur im Einzelnen. Wir kennen vom Erleben her keine Gruppenpsyche, sondern nur eine gemeinsam erfahrene Gruppensituation. Der Narzißmus, mit dem wir das Selbst und die Selbstwertvorstellung gleichsetzen, betrifft den Einzelnen in der Gruppe, wobei aber, wie erwähnt, der Narzißmus bzw. das Selbst des Einzelnen die Anderen mit einschließen muß, wenn eine Gruppenbildung erfolgen soll. Wie Schlachet (1986) betont, kann sich diese narzißtische Gruppenrepräsentation bei den verschiedenen Mitgliedern unterscheiden, aber dennoch einen Bereich der Erfahrung bilden, der mit den anderen Beteiligten geteilt zu werden vermag. Es ist aber das Erleben des Einzelnen, das bei der Kontaktnahme in seinem Selbstbild auch die Objekte miteinschließt und, wie gesagt, mit ihnen ein sog. «narzißtisches Gruppenselbst» bildet. Erst auf einer weiteren Stufe, jener der aktiven Ich-Leistungen, bei der sich z.B. Identifikationen mit oder Abgrenzungen von den Objekten ergeben, bilden sich im menschlichen Ich, neben dem Selbstbild und den fusionär in dieses integrierten Repräsentanzen der verschiedenen Objekte, getrennte Objektrepräsentanzen heran, die ein realeres Bild der Objekte ergeben als jene, die auf der narzißtisch-fusionären Basisbeziehung in das Selbst miteinbezogen und an dieses assimiliert wurden.

Narzißtische Blockade oder narzißtisches Überengagement

Gewisse Individuen haben indes, wie erwähnt, Schwierigkeiten, ihren Narzißmus auf die anderen auszudehnen und mit ihnen eine Gruppe zu bilden. In einer Gruppe von Schizophrenen, die ich, zusammen mit einem Kotherapeuten bzw. einer Kotherapeutin, seit 1963, bis heute, behandle, habe ich solche Hemmungen, mit anderen eine Fusion einzugehen, beobachtet (Battegay und von Marschall, 1987). Zu Beginn der Gruppenteilnahme hatten alle Mitglieder Schwierigkeiten, ihren Narzißmus auf den Leiter und insbesondere auf die Anderen zu verlegen, und die Patienten, die später allein oder zusammen mit einem anderen Patienten in die Gruppe kamen – sie wurde als eine «slow open group» im Sinne von Foulkes (1964) geführt –, zeigten das gleiche Verhalten. Aber auch in einer Gruppe von Borderline-Patienten, die wir seit 1983 führen (Battegay und Kläui, 1986), zeigten sich diese Schwierigkeiten der Beteiligten, das eigene Selbst um die Anderen zu erweitern. Schizophrene wie Borderline-Persönlichkeiten (Kernberg, 1980) mit ihrem fragmentierten bzw. fragmentationsbereiten Ich haben es auf der einen Seite schwer, ihren Narzißmus in kohäsiver Weise auf ein Objekt zu richten. Auf der anderen Seite haben sie, wegen ihrer mangelnden Ich-Abgrenzung, oft kaum die Möglichkeit zu erkennen, was ihre eigenen Gedanken und Phantasien sind und was den Objekten zugehört, so daß sie dann die anderen Beteiligten mehr oder weniger vollkommen in ihren Narzißmus einbeziehen und z. B. etwa für die Anderen sprechen, ohne zu berücksichtigen, was in diesen vor sich geht, oder wähnen, daß sie ständig unter dem Einfluß der Anderen stehen. Es wird in der therapeutischen Gruppe ersichtlich, welche Schwierigkeiten Schizophrene, aber auch die Borderline-Persönlichkeiten mit ihrer narzißtischen Blokkade bzw. mit ihrem übermäßigen narzißtischen Einbezug der Objekte in ihre Eigenwelt in den sozialen Interaktionen der Außenwelt haben.

Narzißtische Fusion/Abhängigkeit

In jeder Gruppe ist eine Tendenz zur gegenseitigen Angleichung der verschiedenen Ansichten und Verhaltensmuster der Mitglieder zu beobachten. Wie schon Muzafer Sherif (1957) mit dem «autokinetischen Phänomen» bewiesen hat, sind in jeder Gruppe normative Kräfte am Werk. Je länger eine Gruppe existiert, desto mehr nähern sich die verschiedenen Ansichten und Haltungen der Beteiligten einander. Diese Konvergenz (Hofstätter, 1957) wäre nicht möglich, ohne eine gegenseitige Ausdehnung des Narzißmus auf das Objekt bzw. ohne eine gegenseitige narzißtische Beziehung zwischen den Mitgliedern. Diese Tendenz zur Angleichung an andere Mitglieder oder die Erwartung, daß andere Mitglieder sich ihnen angleichen, sei es im Bereich therapeutischer oder sozialer Gruppen, kann für die Beteiligten selbst und für Außenstehende gefährlich werden. In der Gruppenpsychotherapie können so die Mitglieder befriedigt sein mit einer Ansicht, welche einmal formuliert worden ist, und sie unternehmen dann keine Anstrengung, zu einer differenzierten und individuellen Einsicht zu gelangen. In den therapeutischen wie auch den sozialen Gruppen kann es ebenso zu weltfremden Ideologien kommen, die die Beteiligten, aber auch nicht in der Gruppe Mitwirkenden, bedrohen können. Die verschiedenen Mitglieder sind dann mehr Repräsentanten einer Gruppennorm oder gar eines nicht mehr rollendifferenzierten Kollektivs als Vertreter einer individuell durchgearbeiteten Ein- und Ansicht, welche sich in der freien Kommunikation mit den anderen Gruppenbeteiligten erhärtet hätte. Es droht auf diese Weise die Entdifferenzierung der wohlstrukturierten Gruppe in eine «Masse im Kleinen» (Battegay, 1973), eine Bande, welche keine Rollenstruktur mehr, außer der zweistufigen Hierarchie des Führers einerseits und der Geführten andererseits, erkennen läßt. Die Kenntnis der Gefahr einer solchen Entwicklung in der Gruppe ist umso wichtiger, als die Menschen in der Gegenwart fast überall gezwungen sind oder sich gezwungen fühlen, entsprechend sozialen Normen zu leben, sich gemäß geschriebenen oder ungeschriebenen Regeln zu verhalten.

Im Verlauf meiner Erfahrung mit Gruppenpsychotherapie seit den Jahren 1953/1955 habe ich wahrgenommen, daß sich die Dominanz der sozialen Normen sogar in den Übertragungen geltend macht. Als ich die Gruppenbehandlung damals begann, hatten die meisten Mitglieder, vor allem wenn es Neurotiker waren, mehr Mut, sich gegen die ganze Gruppe zu wehren, als heute. Wir sehen nun eine Tendenz zur Resignation gegenüber der Gruppe. Oft wird sie auch als eine mächtige «große Mutter» (Erich Neumann, 1956), gegen die sich die Einzelnen nicht zu wehren vermögen, oder aber als archaisches Überich erlebt. Gleichzeitig beobachtete ich, daß es weniger häufig zu einer Vaterübertragung auf den Gruppenleiter oder einer Mutterübertragung auf eine Kotherapeutin kam. Die Gruppenmitglieder sehen vielmehr oft eine anonyme Kollektivität in der Gruppe. Es bildet sich also eine Kollektivübertragung auf die Gruppe aus, welche sie ängstigt und gegen die sie kaum den Mut haben, sich zu wehren. Sie fühlen sich abhängig, auf Gedeih und Verderb der Gruppe ausgesetzt. Deshalb bietet das therapeutische Gruppenmilieu die Möglichkeit, gerade diesen Zug zur Überanpassung an das Kollektiv durchzuarbeiten, den wir in der rasch sich modifizierenden und zunehmend durch anonyme Normen geprägten modernen Welt feststellen. Diese Tendenz in der Gruppenarbeit zu erkennen und zu verarbeiten, ist umso wichtiger als sie gefährlich ist, weil des Menschen Bedürfnis, seine eigenen Wünsche und seine damit zusammenhängenden aggressiven Bestrebungen durchzusetzen, sich sonst nur in Form extremer Impulsdurchbrüche und des Terrorismus äußert. Gelegentlich vermögen wir auch in den therapeutischen Gruppen diese andere Seite der Überanpassung zu erkennen, wenn, besonders bei Borderline-Patienten, plötzlich und unvermittelt destruktive Impulse durchbrechen.

Wir können somit sagen, daß der angeführte Wechsel von einem persönlichen Überich zu einem solchen, das nur noch eine anonyme, bedrohliche Kollektivnorm repräsentiert, in der therapeutischen Gruppe sichtbar wird. Auf diese Weise ergibt sich dort einerseits das Bild einer – möglicherweise gefährlichen – Überanpassung. Andererseits resultieren daraus gegenläufige Triebdurchbrüche. Die Überanpassung zeigt die Angst vor dem Überich als Kollektivrepräsentanz an, und ebenso, wie wenig die Selbstrepräsentanz beim Menschen der Gegenwart ausgeprägt ist. Es ist selbstverständlich, daß diese Menschen narzißtisch sehr verletzbar sind, gekränkt und gereizt reagieren und dementsprechend in Situationen, denen sie sich mit ihrem schwachen Selbst nicht gewachsen fühlen, mit Aggressionen antworten.

Die anonyme Gruppennorm

Je mehr die Patienten in ihren Verhaltensweisen und Ansichten von denjenigen anderer in der Gruppe abweichen, umso mehr haben sie es mit Ängsten betreffend vermeintlicher Bestrafung durch die als Repräsentanten der anonymen Norm erlebten Anderen zu tun. In der erwähnten Gruppe von Borderline-Patienten habe ich immer wieder beobachtet, daß sie nicht etwa nur den Vater oder die Mutter – oder in der Übertragung die Gruppentherapeuten – attakkierten und sie anklagten, daß sie sie nicht richtig erzogen hätten, sondern ebensosehr die anonyme technische und geschäftsbezogene Welt von heute, welche sie in ihren Eigenheiten und Schwächen nicht anzunehmen bereit sei. Sie übertragen dann auf die Gruppenmitglieder, insbesondere die Therapeuten, jene anonym fordernde Außenwelt, in welcher es ihnen nicht gelingt, ihr Leben eigenständig zu führen und materiell zu bestehen. Da sie in ihrer Kindheit Liebe nicht zu fühlen vermochten, wenn sie sie überhaupt erhielten, sind sie narzißtisch geschädigt und meist nicht fähig, in einer adäquaten Weise mit anderen in Beziehung zu treten und für eine bessere Position in ihrem Lebensmilieu zu kämpfen.

Bei diesen Borderline-Persönlichkeiten zeigt sich akzentuiert, was in der ganzen neuzeitlichen Gesellschaft zu sehen ist, sei es in West oder in Ost. Jene, die den Computer verstehen und die Norm für das Kollektiv selbst setzen, werden zu Führern der sozialen Gruppe. Die Borderline-Patienten haben, außer in sozialen Ausnahmesituationen, kaum je Gelegenheit, in eine solche führende Position hineinzuwachsen. In der Gesellschaft kommt dann die Sektion jener, die helfende Aufgaben im normativen Prozeß ausüben, und schließlich jene, zusammengesetzt aus Menschen, welche, sei es durch Arbeitslosenunterstützung, eine anderweitige Versicherung oder Fürsorgeämter bezahlt sind, jedoch keine Berufsarbeit mehr ausführen dürfen bzw. können. Unsere Borderline-Patienten sind den letzteren zwei Schichten der Bevölkerung zuzuzählen. Es ist keineswegs so, daß sie arbeitsscheu wären, doch finden sie mit ihrer Ich-Fragmentationstendenz, ihrem schillernden Charakter und ihren Impulsdurchbrüchen in einer zunehmend normierten Welt oft keine oder nur eine untergeordnete Anstellung. Die Gruppenpsychotherapie kann auf der einen Seite die Domination durch die Norm fördern, denn keine Gruppe ist ohne Kohärenz (Hofstätter, 1957) in den Meinungen und Ansichten der Mitglieder denkbar. Auf der anderen Seite geschieht es aber im Gruppenmilieu auch, daß sich die Beteiligten geschützt fühlen vor den normativen Ansprüchen der Außenwelt bzw. von den Gesetzmäßigkeiten, die dazu führen, daß sich jedes Individuum in diese immer rascher verändernde, anonyme Computerwelt einpaßt oder aber im sozialen Feld zugrunde geht. Die therapeutische Gruppe mit der Möglichkeit, das eigene Selbst um die Objekte zu erweitern, bietet indes für die Mitglieder eine Chance, sich durch wechselseitige Hilfe stärker zu fühlen. (Therapeutische) Gruppen könnten Trainingsmilieus sein für den Menschen, um ihn für das Leben in der Gesellschaft vorzubereiten. Es ist wohl kein Zufall, daß heute viele Individuen an therapeutischen Gruppen, gruppendynamischen Trainings oder Seminaren teilnehmen und sich beinahe nicht von diesen zu trennen vermögen. Oft erkennen sie dabei, zumindest unbewußt, daß sie in ihrer Kindheit nicht genügend narzißtische Bestätigung bekommen haben oder aber übergebührlich stimuliert wurden, so daß sie sich als sekundär frustriert erlebten oder nur dann eine narzißtische Bestätigung erhielten, wenn sie sich entsprechend den elterlichen Idealerwartungen verhielten. Sie erwarten naturgemäß, in den therapeutischen Gruppen jene narzißtische Verstärkung zu erfahren, derer sie bedürfen und die ihnen helfen könnte, ihr Leben in der anonymen Außengesellschaft zu gestalten. Nicht nur daß sie ihre kognitiven und emotionalen Erfahrungen, die sie in der therapeutischen Gruppe sammeln, in die Außenwelt zu extrapolieren vermögen, sondern auch der Umstand, daß sie sich im Gruppenmilieu narzißtisch verstärkt fühlen, verleiht ihnen das Gefühl, daß sie sogar in einer Umgebung zu überleben imstande sind, die nur Integration fordert und sich gegen jegliches Unabhängigkeitsbestreben feindselig verhält.

Gruppenabhängigkeit und Autonomie

In jeder (therapeutischen) Gruppe kommt es, wie ich geschildert habe, besonders in der regressiven Phase, zu einer mehr oder weniger ausgesprochenen fusionär-narzißtischen Beziehung zu den Anderen. Diese kann soweit führen, daß unter Umständen die gezeichnete starke Abhängigkeit von der Gruppe entsteht. Besonders bei den Alkohol- und Drogenabhängigen, die größtenteils narzißtisch beeinträchtigt sind, beobachten wir diese Tendenz zur Gruppenabhängigkeit. Wie uns unsere Erfahrung mit therapeutischen Gruppen von Alkohol- und Drogenkranken lehrt, vermag indes gelegentlich die Gruppenabhängigkeit sogar dazu zu führen, daß die Betroffenen vom Suchtmittel frei werden. Damit ist ihre Abhängigkeit nicht überwunden, jedoch in eine harmlosere Form eingebunden.

In einer Gruppe von Adipösen (Battegay et al., 1982), die wir an unserer Basler Psychiatrischen Universitätspoliklinik zwei Jahre lang führten, zeigte sich, daß die mittlere relative Gewichtsabnahme der Gruppe während der Gruppenpsychotherapie statistisch signifikant war ($p < 0.05$). Zur Zeit einer katamnestischen Nachuntersuchung ca. zwei Jahre später hatte die Gruppe zwar im Mittel immer noch weniger Gewicht als vor der Therapie, der Unterschied war aber nicht mehr signifikant, d.h. es traten mehrere Rezidive in Richtung verstärkter Übergewichtigkeit auf. Wir müssen also annehmen, daß Menschen, die übermäßig von der Nahrung abhängig sind, wie die anderen Abhängigen nur dann von ihrer Sucht loskommen, wenn die Gruppe, auf die sie offensichtlich ihren Narzißmus ausgedehnt haben, und von der sie abhängig sind, dauerhaft währt. Sonst neigen sie dazu, einen Rückfall zu erleiden. Ähnliche Erfahrungen haben wir früher in der Psychiatrischen Universitätsklinik mit einer Gruppe von medikamentenabhängigen Frauen gesammelt, die nach Aufhören einer 10 Jahre dauernden Gruppentherapie mit einer Ausnahme rückfällig wurden.

In anderen therapeutischen wie in vielen sozialen Gruppen wechseln indes häufig die gegenseitigen narzißtischen Bindungen und die Identifikationen, die auf dieser Basis erfolgen, in ihrer Intensität. Haben die Beteiligten genügend ihre Ähnlichkeit erfahren, so neigen sie dazu, sich dem zuzuwenden, was sie als trennend erleben. Danach werden sie wieder eher auf das Gemeinsame zukommen. In der Sprache des Narzißmus ausgedrückt, können wir sagen, daß Gruppenmitglieder, fühlen sie sich nahe zueinander, eine starke narzißtische Bindung durchmachen. Doch werden sie bald entdecken, daß nichts und niemand ihren fusionären Erwartungen entspricht und sich deshalb wieder voneinander entfernen.

Es ist also ein labiles narzißtisches Gleichgewicht in einer Gruppe vorhanden, das einerseits ihre Kohäsion fördert, andererseits dem Individuum freien Raum gewährt.

Zusammenfassung

Die Gruppe ist das Milieu, in dem sich das Individuum in und mit seinem Selbst verwirklicht. Während das Ich als zentrale integrierende Instanz vorwiegend genetisch determiniert ist, muß das Selbst, wohl schon intra utero, und insbesondere in frühester Kindheit angeregt und durch mütterliche Wärme, Stimulation und das Vermitteln von Gestalt-Kognitionsmöglichkeiten geweckt werden. Die erste Beziehung zu einem Objekt, die Mutter-Kind-Symbiose, lebt als Grundmuster in jeder späteren Kontaktaufnahme wieder auf. Auf dieser fusionären Grundlage vollziehen sich aktive Ich-Leistungen, wie z. B. die Identifikation mit einem Objekt, die Abgrenzung von einem Objekt usw. Die dritte Stufe jeglicher Beziehung ist der freie Entscheid für – selten auch gegen – die Kontaktnahme. Eine Gruppenbildung kann also nur auf dieser Ausdehnung des Selbst oder des Narzißmus auf das/die Objekt/e erfolgen. Schizophrene und Borderline-Persönlichkeiten haben, wie wir aus unseren Erfahrungen mit entsprechenden Behandlungsgruppen wissen, meist Schwierigkeiten, eine solche primäre Beziehung einzugehen, oder aber sie können sich nicht genügend gegen die Anderen abgrenzen. Die fünf Phasen der Gruppenpsychotherapie – explorierende Kontaktaufnahme, Regression, Katharsis, Einsicht, sozialer Lernprozeß – werden vorwiegend in ihrer narzißtischen Dimension beschrieben. Wenn die narzißtisch-fusionäre Abhängigkeit von der Gruppe zu stark wird, kann es zu einer Entartung zu einer «Masse im Kleinen» kommen. Doch kann die Gruppenabhängigkeit – bei Drogen- und Alkoholabhängigen wie auch bei Fettsüchtigen – auch einen Ersatz bieten, der solange die Gruppe fortbesteht, die Gefahr von Rückfällen in die Sucht vermindert. Nicht alle Reaktionen und Verhaltensmuster in einer Gruppe sind individuell bestimmt. Gewisse Erlebensformen und Verhaltensweisen können in jeder (therapeutischen) Gruppe beobachtet werden. Es wird in diesem Zusammenhang von einer «Urgruppenreminiszenz» gesprochen. Der Narzißmus ist einer der regulierenden Faktoren für die Gruppenkohäsion.

Literatur

Battegay, R.: Psychodynamische Verhältnisse bei der Gruppenpsychotherapie. Psychiatria, Neurologia, Neurochirurgia *63*, 1960, 333–342.

Battegay, R.: Defective Developments of Therapeutic Groups. Paper read at the 5th Int. Congress of Group Psychotherapy, Zürich, August 19–24, 1973. In: Uchtenhagen, A., Battegay, R., Friedemann, A. (Ed.): Group Therapy and Social Environment, pp. 370–381, Huber, Bern/Stuttgart/Wien 1975.

Battegay, R.: Three Central Factors of Group Psychotherapy: Oedipal Complex, Rivalry Conflict, Narcissistic Group-Self. In: Wolberg, L. R., Aronson, L. (Eds.): Group Therapy. Stratton Intercontinental Medical Book Corp., New York 1976, 143–154.

Battegay, R.: People in Groups: Dynamic and Therapeutic Aspects. Group *10*, 1986, 131–148.

Battegay, R.; Lipp, H.; Miest, U.; Glauser, Chr.; Rauchfleisch, U.: Gruppenpsychotherapie mit Adipösen. Gruppenpsychotherapie und Gruppendynamik *17*, 1981, 163–172.

Battegay, R.; Kläui, Chr.: Analytically oriented Group Psychotherapy with Borderline Patients as Long-Term Crisis Management. Crisis *7*, 1986, 94–110.

Battegay, R.; v. Marschall, R.: Results on Long-Term Group Psychotherapy with Schizophrenics and their Relatives, Psycho- and Sociodynamic Results. In: Huber H.: Progress in Psychotherapy Research. Selected papers from the 2nd European Conference on Psychotherapy Research, Sept. 3–7, 1985, pp. 150–160, Presses Universitaires de Louvain, Louvain-la-Neuve 1987.

Buber, M.: Ich und Du. Schocken, Berlin 1936.

Foulkes, S. H.: Therapeutic Group Analysis. Allen & Unwin, London 1964.

Hofstätter, R.: Gruppendynamik. Rowohlt, Hamburg 1957.

Jung, C. G.: Die Dynamik des Unbewußten. Ges. Werke, Bd. 8, Rascher, Zürich/Stuttgart 1967.

Kernberg, O. F.: Internal World and External Reality, Jason Aronson, New York/London 1980.

Kohut, H.: The Analysis of the Self. Int. Univ. Press, New York 1971. Deutsch: Narzißmus. Suhrkamp, Frankfurt/M. 1973.

Kohut, H.: The Restoration of the Self. Int. Univ. Press, New York 1977. Deutsch: Die Heilung des Selbst. Suhrkamp, Frankfurt/M. 1981.

Neumann, E.: Die Große Mutter. Rhein-Verlag, Zürich 1956.

Schlachet, P. Y.: The Concept of Group Space. Int. J. of Group Psychotherapy *36*, 1986, 33–53.

Sherif, M.: A Study of Some Social Factors in Perception. Zit. in Hofstätter, P. R.: Gruppendynamik. Rowohlt, Reinbek bei Hamburg 1957.

Slavson, S. R.: Analytic Group Psychotherapy with Children, Adolescents and Adults. Columbia Univ. Press, New York 1950.

van Bertalanffy, L.: General System Theory and Psychiatry. In: Arieti, S. (Ed.): American Handbook of Psychiatry. 2nd ed, Vol. I, S. 1095, Basic Books, New York, 1974.

Namenregister

Sachregister